KB206256

담
대
하
게

죄를
지
어
라

Esto peccator et pecca fortiter

담대하게 죄를 지어라

Esto peccator et pecca fortiter

호모 레겐스

강치원의 광야 소리 1

담대하게 죄를 지어라

초판 1쇄 발행 2021년 6월 21일

지은이   강치원
펴낸이   허은정
펴낸곳   호모 레겐스
등 록   2020년 10월 21일 제399-2020-000045호
주 소   경기도 남양주시 다산지금로 146번길 117, 7511-801
전 화   031) 565-3305

값 12,000원
ISBN 979-11-973837-0-0

* 이 책은 저작권법에 의하여 보호를 받는 저작물이므로 무단전재와 복제를 금합니다.

* 잘못된 책은 구입하신 서점에서 교환해 드립니다.

사랑하는 아내 은정에게

'강치원의 광야 소리' 시리즈를 내며

이 책은 모든 일반 독자들을 위한 것이 아니다. 교회를 잘 다니고 있는 분들, 신앙에 대해 어떤 회의도 들지 않는 분들, 교회의 가르침에 늘 순종하는 분들에게 이 책은 유용하지 않을 것이다. 이 책은 내가 믿고 있는 신앙이 자유를 선물로 주는 진리에 맞닿아 있는지를 반추하는 분, 맹목적인 목사 추종자가 아니라 주체적으로 신앙의 길을 걷고자 하는 분, 그저 모이기만을 힘쓰는 교회가 아니라 건강한 교회를 꿈꾸는 분들을 향하고 있다. 동굴 속 갇힌 삶에 주저앉지 않고 동굴 밖 세상으로 나와 이곳에도 계시는 하나님의 영과 함께 신앙의 지평을 넓히고자 하는 분들 말이다. 그 때문에 이 책이 상정하는 독자는 생각하는 신앙인, 이해를 추구하는 신앙인이다.

작금의 한국교회 현실에서 '생각하는 신앙인'의 자리는 교회 안이 아니라, 교회 밖이다. 나는 이 교회 밖을 광야로 표현하고 싶다. 호세아의 표현대로 하나님 신앙을 회복하는 '거친 들'이요, 누가복음의 말로는 하나님의 말씀이 임

하는 '빈 들'의 의미를 지닌 광야 말이다. 하늘의 소리와 땅의 소리가 마주 울리는 광야 말이다. 이런 광야에선 공명共鳴, 곧 함께 우는 소리가 들린다. 이 책은 바로 이 함께 우는 소리를 포착하여 다시금 세상에 들려주고자 한다. 목놓아 울 수밖에 없는 것들이 한둘이 아니기에 몇 마리의 명학鳴鶴, 곧 우는 학을 소개한다.

이렇게 하여 '강치원의 광야 소리'가 몇 권의 시리즈로 나오게 되었다. '담대하게 죄를 지어라', '저항과 복종 - 사이의 존재가 걸어야 할 길', '신앙의 마당에서 이성을 뛰어놀게 하라', '교회 세습, 법정에 서다' 등이 이렇게 잉태되었다. 내 마음속 울음이 터져 나와 활자의 옷을 입은 이 소리는 '너'의 마음과 마주 울려 광야에 깊은 눈물 강을 내고자 한다. '나와 너'가 새롭게 세례를 받고, 교회에 새로운 젖줄이 되는 사막의 샘을 이루고자 한다.

그런데 이렇게 세상의 빛을 보게 된 내 마음속 울음은 새롭게 터져 나온 것만은 아니다. 이미 '너'가 이름을 불러주기를 바라며 활자로 피어난 것들도 있기 때문이다. 학술지와 논문집에 실린 것이나, 특강을 위해 원고로 쓰인 것들이 그것이다. 본 시리즈는 이것들을 바탕으로 하여 새롭게 창조된 것이다. '강치원의 광야 소리'로 들어와 새로운 조합에 기꺼이 동참해준 글들은 가독성을 위해 인용부호 없이 그대로 사용함을 미리 밝힌다. 본서의 배경이 된 목록은 아래와 같다.

"지옥에서 하늘나라로, 죽음에서 생명으로" - 루터의 얍복강 싸움과 종교 개혁적 발견,『한국기독교신학논총』74(2011), 27-55.
"종교개혁 이후 루터교의 형성과 발전 과정",『농촌과목회』76(2017 겨울), 20-42.

끝으로 이 책의 원고를 꼼꼼히 읽어주고 교정과 조언을 해준 최학래, 김동진, 이신영, 박미연, 전은숙 님과 출판의 전 과정을 잘 인도해준 고영래 사장(미래사)에게 감사드린다. 또한 지난 3년 가까이 늘 격려하며 동행해준 책읽는교회 모든 형제자매님께 감사를 드린다. 결코 평범하지 않은 지난한 길을 함께 걸어준 아내의 이름으로 이 책을 세상에 내놓는다.

차 례

IV. '값비싼' 은혜의 지평

V. 신자의 실존: 도상途上적 존재

V. 나가는 아니리

I. 들어가는 아니리

1. 아, '동굴 감옥'이 된 교회여!

'지하의 동굴 모양을 한 거처에서 … 어릴 적부터 사지와 목을 결박당한 상태로 있는 사람들이 있다. 이들은 포박 때문에 머리를 돌릴 수도 없고 오직 앞만 볼 수 있다. 이들의 뒤쪽에는 강렬한 빛이 비춰오고 그 사이에는 담이 세워져 있다. 이 담 위로 어떤 사람들이 온갖 물건을 들고 지나간다. 결박당한 사람들은 자신들의 앞 벽면에 투영되는 이 물건들의 그림자만 볼 수 있다. 그래서 이 그림자를 진짜로 생각한다.

그런데 이들 중에서 누군가가 결박에서 풀려나고 동굴 위로 빠져 나오게 되었다. 처음엔 빛 때문에 진짜인 것들을 볼 수 없다. 그러나 곧 모든 것을 본다. 태양도 본다. 바로 이 태양의 빛이 동굴 속 사람들이 보았던 모든 것의 원인이 됨을 깨닫는다.

이제 진짜를 보게 된 이 사람은 동굴 속 동료들이 측은하게 느껴진다. 그래서 동굴로 내려가 죄

수와 같은 상태로 있는 동료들에게 그들이 보는
것은 진짜가 아니라 진짜의 그림자에 불과하다
고 말한다. 오직 그림자만 보도록 묶여 있는 자
들은 위로 올라가더니 눈을 버려 가지고 왔다며
그를 비웃는다. 결박에서 벗어나 올라가려고 애
쓸 필요가 없다고 생각한다. 그리고 자신들을 설
득하며, 자기들을 풀어 주고서는 위로 인도해 가
려고 꾀하는 자를 어떻게든 죽이려 한다.'

　우리들이 잘 알고 있는, 플라톤의 『국가론』 제7권 맨 앞
에 나오는 '동굴 비유' 이야기를 줄인 것이다. 이 이야기는
플라톤이 원래 말하려고 하는 바와는 상관없이 이런저런
의미로 해석되며 인용되고 있다. 나 또한 이런 행렬에 서서
그의 말을 읊조린다.
　나는 1979년 9월 4일부터 교회에 나갔다. 그리고 신학을
공부하고 신학자가 되었고, 목사도 되었다. 1999년 2학기부
터 20년 이상 학생들을 가르쳤다. 교회 목회도 10년 이상
을 하였다. 이런 과정을 거치며 교회가 마치 플라톤의 비
유에 나오는 동굴과 흡사하다는 생각을 하게 되었다. 기독

교 신자들이 이 동굴 속에 결박된 채, 목회자들이 비추어
주는 그림자만 바라보며 살아야 하는 동굴의 '수인'囚人처럼

그림 1: 1598년에 네덜란드 화가인 코르넬리스 판 하를렘Cornelis van Haarlem이 그린 그림
을 1604년에 얀 샌레담Jan Saenredam이 동판화로 제작한 것이다. 맨 위에 '빛이 세상에
왔다. 그런데 사람들이 빛보다 어둠을 더 사랑했다'는 요한복음 3장 19절 말씀이
라틴어로 기록되어 있다. 그 밑에 '플라톤의 동굴'Antrvm Platonicvm이라는 그림의 제목
이 나온다. 그림의 아래쪽에는 세 단으로 그림에 대한 설명이 라틴어로 나온다. '대
부분의 사람이 캄캄한 어둠 속에 갇혀 있고 사물의 그림자와 시간을 보낸다. 아주
소수의 사람만이 참된 빛 가운데서 사물과 그림자를 구별한다. 빛을 사랑하지 않는
자는 이성이 결핍된 자다'는 내용이다. 맨 오른쪽 단은 이 그림의 화가인 하를렘과
동판화를 만든 자인 샌레담의 이름과 만든 연도인 1604년이 나온다.

보이기도 하였다. 자신들이 비추어주는 그림자를 진짜로 믿으며 살 것을 부추기며 강요하는 목회자와 신학자들이 담 위의 간수장看守長처럼 보이기도 하였다. 그래서 교회에 대해, 기독교 신자들에 대해 측은한 마음을 갖게 되었다.

아마도 교회를 다니는 대부분의 사람들이 나의 이런 생각에 이의를 제기할 것이다. 심지어 참람하다며 종교재판에 넘기려 하는 자들도 있을 것이다. 동굴 속 신자라면 당연히 보일 수 있는 반응이다. 그러나 동굴 속 쇠뇌의 문법에서 벗어나 본 적이 있는 이들이라면 어느 정도 공감할 수 있을 것이다. 목회자들이 높이 세운 담을 넘어 동굴 밖까지 나가 본 적이 있는 사람들이라면, 교회가 일종의 '동굴 감옥'으로 전락한 모습을 볼 수도 있을 것이다. 조금이라도 상식적으로 생각할 수 있는 자는 목회자와 신학자들이 동굴 벽에 새긴 '그림자-십계명'이 십자가에 달리신 하나님을 얼마나 왜곡하고 있는지를 느낄 수 있을 것이다.

본서는 소위 성직자들이라 일컬어지는 자들이 세운 '동굴 감옥'을 드러내는 책이다. 그리고 이 '동굴 감옥'에 갇혀 있는 이들에게 빛으로 나오라고 말을 거는 책이다. 그러나 이것을 직접적으로 하지는 않는다. 종교개혁자 마르틴 루

터가 중세의 '교황 교회'를 향해 외쳤던 소리로 대신할 것
이다. 사고 기능이 마비되지 않은 이들은 '교황 교회'를 향
한 그의 문자를 읽고 소리를 들을 때, 그것이 오늘날의 '동
굴 교회'에도 해당될 수 있음을 꿰뚫어 볼 것이다.

물론 한국의 모든 교회가 '동굴 교회'가 된 것은 아니다.
또한 모든 신자들이 동굴의 '감옥 신자'가 된 것도 아니며,
모든 목회자들이 '동굴 교회'의 간수장이 된 것도 아니다.
그런 교회, 신자, 목회자들에게는 양해를 구한다. 그리고
루터의 말에 위로를 받고 용기를 얻기를 바란다.

2. 내가 만난 루터, 내가 된 루터

나에겐 이상한 버릇이 하나 있었다. 중학교에 들어가면
서부터 나타난 것으로 국어책에 나오는 시와 수필을 통째
로 외우는 것이다. 이 습관은 자연적으로 국어책 외의 다
른 책들에게도 관심을 갖게 하였다. 그중 나에게 가장 깊
은 인상을 남기고 영향을 준 것은 윤동주의 시들이다. 부
모님 곁을 떠나 고등학교에 다니게 되면서 가지게 된 고향

에 대한 그리움 때문인지 윤동주와 함께 '별 헤는 밤'을 수 없이 되뇌곤 하였다. "죽는 날까지 하늘을 우러러 한 점 부끄러움이 없기를 잎새에 이는 바람에도 괴로워했던" 그의 시적 감수성은 내 마음의 별에 공명을 불러일으켰다. 그의 '외딴 우물'이 비춰주는 사나이를 미워하기도 하고, 연민하기도 하고, 그리워하기를 얼마나 반복하였던가? 그때부터 시작된 것 같다. "파란 녹이 낀 구리거울을" "손바닥으로 발바닥으로 닦으며" 나의 '참회록'을 쓰는 것 말이다. 그렇게 그의 시어詩語는 나의 시어가 되었다.

신학교 시절, 나는 어학을 열심히 공부하였다. 독일어도 예외가 아니었다. 좋은 독일 신학자들의 글을 복사하여 친구들과 강독을 하곤 하였다. 그중 본회퍼의 옥중서신을 출판한 『저항과 복종』Widerstand und Ergebung에 나오는 신학적 주장과 개념들에 얼마나 전율과 희열을 느꼈던지! 특히 1944년 4월 30일 자 편지는 나를 얼어붙게 했다. 지금도 생생하게 기억하고 있는 본회퍼의 말은 대충 이런 것들이다.

종교의 시대는 지나갔다.
우리는 완전히 무종교적인 시대를 맞고 있다.

그리스도는 무종교자의 주±도 될 수 있을까?

무종교적 기독교가 존재할까?

무종교적 기독교란 어떤 것일까?

종교적인 인간은 한계상황에 부딪힐 때 (도깨비

　방망이와 같은 역할을 하는) 기계장치로서의

　신$^{deus\ ex\ machina}$을 불러낸다.

　무신론적인 도발처럼 보이는 이런 말들에 비하면 불트만 $^{R.Bultmann}$이 던진 '비신화화'라는 말은 차라리 경건하게 들렸다. 모든 기독교적인 용어에 대해 '비종교적인 해석'을 시도해야 하는 시기가 도래했다고 여기는 본회퍼는 정말 우리가 성서적이고자 할 때 지금까지의 전통적인 개념들을 세속적으로 다시 해석해야 한다고 나에게 말을 걸어왔다. 무신론적 시도라 느껴질 정도로 섬뜩했지만 나는 그의 말투에 얼마나 매료되었던지! 세계는 '신이라는 작업가설'의 도움을 빌리지 않고, 곧 신이라는 '후견인' 없이도 살 수 있는 "성인이 된 세계"가 되었다는 진단은 내 눈의 비늘을 벗겨주었다. 또한 '하나님 없이 하나님 앞에서 하나님과 더불어 산다'는 말은 '신학적 회심'에 이르는 화두를 던져주었다.

본회퍼가 나의 신학교 시절을 사로잡았다면, 나의 유학 시절에 만난 종교개혁자 루터는 학자로서 길을 걷는 나의 삶을 사로잡았다. 세계적인 루터 전문가 마르틴 브레히트 M.Brecht가 나에게 던진 화두는 '루터의 영향사'였다. 내가 가장 먼저 풀어내야 하는 실타래는 신학 이해 및 신학 방법론에 관한 루터의 세 개념인 '오라치오, 메디타치오, 텐타치오'Oratio, Meditatio, Tentatio였다. 이와 관련된 루터의 글들을 꼼꼼하게 읽어나가던 중 투박하지만 살아 꿈틀거리는 그의 언어에 사로잡히고 설득당하기 시작했다. 그리고 다음과 같은 그의 말에 무너지고 말았다.

> "신학자는 삶, 곧 죽음과 저주받음을 통해서 되는 것이지, (많이) 읽고, (많이) 알고, (학문적으로) 사변하는 것을 통해서 되는 것이 아니다."WA5,163
>
> Vivendo, immo moriendo et damnando fit theologus, non intelligendo, legendo aut speculando.

온몸에 전율을 돋게 만든 이 말은 지금까지 내 신학과

목회의 여정에 진한 흔적을 남기고 있다. 그 때문에 나는 이 말로 인해 나에게 일어난 일련의 변화를 '신학자로서의 실존적인 회심'이라 부른다.

이상에서 보듯이, 나는 루터를 알기 전에 본회퍼를 알았고, 본회퍼를 알기 전에 이미 윤동주 알고 있었다. 때문에 나의 본회퍼 읽기에는 윤동주가, 루터 읽기에는 윤동주와 본회퍼가 영향을 미쳤다. 그리고 지금의 이 책을 쓰고 있는 나는 이 세 사람으로부터 각각 영향을 받았다. 그러나 동시에 이 셋이 내 안에서 한데 어우러지면서 만들어낸 지평 융합 또한 창조적인 영향을 미쳤다. 이것은 루터에 대한 새로운 접근과 이해를 가능하게 해주는 나의 자산이다. 다시 말해, 나는 루터의 말을 그저 읊조리는 그의 앵무새가 아니다. 나에게 들어와 일정 부분을 차지하고 있는 나의 윤동주와 나의 본회퍼와 나의 루터, 그리고 나의 윤동주본회퍼루터의 눈으로 그를 읽고, 그에 대해 말할 것이다.

II. 루터, 길 위에서 길을 잃다

1. 루터를 바라보는 독특한 관점

교회에 다니는 사람은 누구나 회개라는 말 앞에 서게
된다. 이 말에 가슴을 치기도 하지만, 부담감 때문에 괄호
에 넣고 그냥 지나가고 싶을 때도 있다. 그런데 나는 회개
라는 말을 처음부터 윤동주의 '참회록'의 의미로 이해하였
다. 내 삶의 내면을 '손바닥으로 발바닥으로 닦는 것' 말이
다. 내면을 들여다보는 회개를 통해 사도 바울의 두 마음
의 긴장과 갈등을 알게 되었다. 이것은 내 안에 두 자아가
있다고 생각하게 해주었다. 이 정도까지는 교회에 다니는
모든 사람이 이르게 되는 신앙적 실존이다.

대학 시절, 나를 찾아 떠나는 여행에서 일종의 '패러다
임의 전환'이라고 부를 수 있는 '순간'을 본회퍼에게서 만
났다. 독일어를 배우기 위해 읽던 그의 『저항과 복종』[8]에서
'나는 누구인가'Wer bin ich라는 시가 바로 그 '순간'을 만나게
해주었다. 이 시는 '내 안의 두 자아'를 넘어가는 지평을 열
어주었고, 내 존재의 다양성에 눈을 뜨게 해주었다. 그리고
수많은 '단편적 자아'로 이루어져 있는 나를 바라보게 해
주었다.

나는 누구인가?
영주가 자기의 성에서 나오는 것처럼
태연하고 명랑하고 확고하게 감옥에서 나온다고
사람들이 자주 말하는 나는?

나는 도대체 누구인가?
자유롭고 다정하고 맑고 명랑하게
간수들과 대화한다고
사람들이 자주 말하는 나는?

나는 도대체 누구인가?
침착하고 미소지으며 자연스럽게
승리에 익숙한 자와 같이 불행한 나날을 참고 있다고
사람들이 말하는 나는?

나는 정말
사람들이 말하는 것과
같은 자일까?
그렇지 않으면

다만 나 자신이 알고 있는

자에 지나지 않는 것일까?

나는

새장 속의 새와 같이 불안하고,

부드러운 말과 인간적인 친근함을 그리워하고,

사소한 모욕에도 분노하며 몸을 떨고,

저 멀리 있는 친구를 그리워하다 낙심하고,

기도하고, 생각하고,

창작하는 데 지쳐서 허탈에 빠지고,

의기소침하여 모든 것에 이별을 고하려 한다.

나는 도대체 어떤 자일까?

전자일까? 후자일까?

오늘은 이런 인간이고 내일은 다른 인간일까?

양자가 동시에 나일까?

사람들 앞에서는 위선자이고

자기 자신 앞에서는 경멸할 수밖에 없는

불쌍한 약자일까?

나는 도대체 어떤 자일까?
이 고독한 물음이 나를 비웃는다.

내가 어떤 자이건
아, 하나님 당신은 나를 아시옵니다.
나는 당신의 것이 옵니다.

자신을 세 가지 관점에서 바라보는 본회퍼의 자기 고백은 나 또한 여러 단편적 자아들로 이루어져 있음을 직시하게 해주었다. 그런데 내가 알고 있는 나와 다른 사람이 알고 있는 나 사이에만 이런 단편적인 자아들이 있는 것이 아니었다. 다른 사람이 알고 있는 나와 관련해서도 그런 나는 하나가 아니었다. 부모님이 알고 있는 나와 친구들이 알고 있는 나는 달랐다. 친구들로 좁혀 말해도, 죽마고우가 알고 있는 나와 대학 친구들이 알고 있는 나는 달랐다. 이렇듯 나는 수많은 나의 자리를 가지고 있었고, 그 자리들을 지나며 다양한 나로 확대, 또는 축소됨을 알게 되었다.

계속되는 나의 내적 여행을 통해 깨닫게 된 또 한 가지는 모든 단편적 자아들이 다 나를 이루는 본질적인 부분이라는 것이다. 그 하나하나를 부정하지 않고 다 '나'로 받아들일 때, 그때 참된 '나'를 발견한다는 것이다.

이러한 사고방식은 루터를 연구할 때도 영향을 미쳤다. 많은 루터 연구가들이 종교 개혁적 발견을 하기 전에 루터가 했던 내적 고민을 죄와의 투쟁으로만 그리는 경향이 있다. 그래서 그때의 루터와 종교 개혁적 발견을 한 이후의 루터를 대립시키기도 한다. 그러나 '나'를 찾는 여행에 익숙해 있던 나는 루터의 내적 고민을 다르게 바라볼 수 있었다. 본회퍼가 본 자아의 내적 갈등을 루터도 겪고 있었다고 말이다.

루터는 자신을 찾아가는 내적 여행에서 몹시 괴로워한다. 나는 그가 괴로워했던 '트라우마'를 어떻게 성찰적으로 극복하는지 그 과정을 이야기로 풀어내고자 한다. 여기서 루터가 고민했던 죄 문제를 '트라우마'로, '하나님의 의'에 대한 새로운 해석을 통해 이 문제를 해결하는 과정을 '성찰적 극복하기'로 표현하는 등 정신분석학적 용어들을 사용하는 것은 다분히 의도적이다. 우리가 잘 알고 있듯이 발달심리학자이자 정신분석학자인 에릭 에릭슨^{E.H.Erikson}은 『청년 루터』를 '아버지 콤플렉스'라는 렌즈로 보고 해석하여 죄에 대한 루터의 고민과 성찰적 극복하기를 긍정적으로 기술할 수 없었다. 그래서 나는 도미니크 라카프라^{D. LaCapra}의 '정신분석학적 역사학'의 도움을 받아 루터의 문제를 '치유'라는 관점에서 해석할 것이다. 즉, 자신과의 진지한 싸움을 통해 자기를 극복하고 자기 너머로 가 새로운 자아를 만나는 '나의 되어감'의 여정으로 바라볼 것이다.

그림 2: 루터가 입회한 에어푸르트 아우구스티누스 은자 수도원의 16세기 모습. 1277년부터 건축을 시작하였는데 자선과 면죄부 판매 등을 통해 건축비를 조달하였다. 1505-11년까지 루터는 이곳에 머물렀다.

2. 신학적 트라우마와 시시포스^{Sisyphos}의 형벌: 고독한 수도승의 처절한 삽바싸움

어느 날 겁에 질린 한 남자가 수도원에 들어간다. 수도승이 되겠다고. 그는 알고 있었을까? 후에 자신에 의해 수도 승이 되겠다는 많은 자의 발길을 수도원이 아니라 세상으로 향하게 하리라는 것을? 아브라함이 그랬다. 이삭을 칼로 찌르려 했을 때, 비로소 인간을 제물로 드리는 것이 필요 없음을 깨달았다. 바울도 그랬다. 유대인의 골수분자로서 율법이 말하는 모든 의를 성취하려고 했기에 율법주의에서 벗어날 수 있었다. 이 이름 없는 수도승도 마찬가지다. 그가 수도원으로 들어가 교회가 정해 놓은 구원의 길을 따르기 위해 처절하리만큼 몸부림쳤기 때문에 부패와 타락의 나락에서 슬피 울며 이를 갈던 이들에게 희망의 촛불을 밝힐 수 있었다.

1539년 7월 16일, 루터는 자신을 방문한 이들과 함께 '탁상담화'를 하고 있었다. 이 이야기를 통해 우리는 그에게 일어난 엄청난 생의 변화가 어떻게 일어났는지에 대해 알게 된다. 그의 이야기는 우리를 34년 전으로 데려간다.

"7월 16일, 알렉시우스 날에 그가 말했다. '오늘
은 내가 에어푸르트에 있는 수도원으로 들어갔
던 날이다.' 그리고 그는 어떻게 서원을 하게 되
었는지 이야기하기 시작했다. 그는 14일이 채 되
지 않은 날, 길을 가다가 에어푸르트에서 멀지 않
은 슈토턴하임 부근에서 갑작스러운 뇌우를 만
나, 얼마나 놀랐던지 공포 속에서 '도와주소서,
성 안나여! 내가 수도사가 되겠나이다!'라고 호
소하였다. … 후에 나는 서원한 것을 후회하였
다. 또한 많은 사람이 나를 말렸다. 그러나 나는
그것을 고수하였고, 알렉시우스 전날에 가장 친
한 친구들을 이별하기 위해 그리고 다음 날 나
를 수도원으로 동행하도록 초대하였다. 그들이
나를 만류하고자 했을 때, 오늘 너희는 나를 마
지막으로 보는 것이라고 말했다. 그때 그들은 눈
물을 흘리며 나를 동행하였다. 내 아버지도 서원
에 대해 매우 화를 내셨지만, 나는 내 결정을 고
집하였다. 수도원을 떠나는 것을 나는 결코 생각
해 본 적이 없다. 나는 세상에 대해 완전히 죽었

다."WATR4,Nr.4707

뇌우의 경험으로 무지갯빛을 던져주는 법학도의 길을 포기하고, 세상에 대해서는 죽어야 하는 수도사의 길을 가겠다고 마음을 먹은 것은 얼핏 이해되지 않는다. 시작한 지 얼마 되지 않은 법학 공부가 자신에게 맞지 않았다고

그림 3: 에어푸르트의 루터 동상 아랫부분 중에서 북쪽 편 주조. 친구들이 동행하는 가운데 수도원으로 들어가는 루터의 모습과 수도원 입회를 허락받는 모습

느낀 것일까? 그 출구를 찾기 위해 낙뢰 이야기를 만들어
낸 것은 아닐까? 아니면 그 이전부터 수도승이 되고 싶다
는 생각을 마음속에 가지고 있었던 걸까? 어떻게 아버지의
극렬한 반대와 친구들의 만류를 단칼에 무 자르듯 할 수
있었을까?

일 년의 수련 생활이 지나고 수도원 입회식이 거행된다.
수도원장은 수련생으로 입고 있던 옷을 벗기고 새로운 수
도복을 입혀주는데, 이것은 옛 인간을 벗고 새로운 인간을
덧입는 것을 상징하는 의식이다. 이때 다음과 같은 기도가
동반된다.

> "황송스럽게도 우리의 유한한 몸을 입으셨던 주
> 예수 그리스도시여, 주님의 무한한 자비를 믿고
> 비나이다. 거룩한 조상들이 순결과 자아 부정의
> 표로서 택한 이 복장에 축복하소서. 주의 종, 마
> 르틴 루터가 이 옷을 입나이다. 그에게 주의 불
> 멸을 덧입혀 주소서. 오, 하나님 아버지와 성령과
> 함께 사시며 통치하시는 분, 영원을 가로지르시
> 는 하나님이시여! 아멘."베인톤,46

이렇게 세상에 대하여는 죽고 하나님만 섬기겠다고 서원한 루터는 1507년 4월에 에어푸르트 대성당에서 사제로 서품을 받는다. 그리고 신임 사제로서 첫 미사 집전을 기다린다. 5월 2일, 바로 그 날이 왔다. 갈보리의 제사가 재현되는 제단에서 어린 사제는 자신의 수도원행을 반대하던 아버지 앞에서 미사의 첫 부분을 낭송한다.

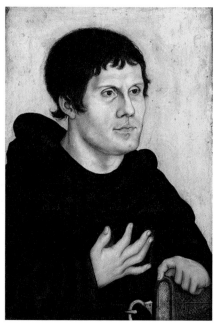

그림 4: 검은 수도복을 입은 루터. 비텐베르크에는 종교개혁자들의 사상을 그림으로 표현해주던 루카스 크라나흐L.Cranach 부자父子가 있었다. 위 그림은 크라나흐 1세가 루터 사후에 그린 목판화다.

"우리는 주님께, 곧 살아 계시며 참되시고 영원하
신 하나님께 바치옵니다."[WA43,382]

이 부분을 읽자마자 미사를 집전하던 어린 사제는 거룩
하신 분에 대한 공포와 전율에 휩싸인다. 이 공포와 전율
앞에서 그가 던진 질문은 '내가 누구인가'라는 질문이다.

"거룩한 존엄께 감히 눈과 손을 들어 올리는 나
는 누구인가?[Quis ego sum] … 비천한 인간인 내가 그
분께 나아가 이걸 원한다고, 저걸 달라고 말해

그림 5: 루터가 첫 미사를 집전했던 수도원 교회의 내부. 제단 뒤로 보
이는 스테인드 글라스는 1310-40년에 만들어진 것이다.

도 되는가? … 기도란 정말 어려운 것이다. 왜냐
하면 티끌, 잿가루, 죄투성이인 내가 살아 계시고
영원하며 참되신 하나님께 말을 해야 하는 것이
기 때문이다."^{WA43, 381}

수도원에 들어가 사제가 된 사나이, 천사들도 시샘하는
능력과 특권인 성찬식을 집전할 수 있는 자격을 얻은 남
자, 그러나 그 첫 번째 특권을 누리며 그가 경험한 것은 영
광과 존귀가 아니라 자신의 무가치성이다. 하늘의 왕 앞에
감히 설 수 없는 자신의 비천한 모습이다. 그래서 그는 질
문을 던진다. "나는 누구인가?" 그리고 "티끌, 잿가루, 죄투
성이"라고 대답한다.

거룩하신 하나님에 대한 두려움, 그것은 사나이에게 자
신이 누구인지 묻게 하였고, 이후 끊임없이 자신을 찾는 길
로 내몰았다. 제단 앞에 서서 지극히 거룩하신 하나님을
대해야 하는 사제, 그 자신이 거룩하지 않고서야 어찌 하나
님 앞에 설 수 있겠는가? 이 때문에 사나이는 거룩한 삶을
살기 위해 자신이 할 수 있는 최선을 다한다.

당시 그가 할 수 있는 가장 손쉬운 방법은 자신의 죄를

참회하는 것이었다. 참회는 자기 자신과 싸우는 것이다. 자기 자신과 처절한 샅바싸움을 한 얍복강 가의 사나이처럼 말이다. 그래서 참회는 자신의 모습을 있는 그대로 직면하게 한다. 진정한 자신을 만나게 한다. 부끄럽고 숨기고 싶은 나를 발견하고, 그 모습을 하나님 앞에 있는 그대로 드러내는 것이 바로 참회다. 자신의 부정적인 부분을 자신으로 받아들이는 이런 참회는 놀랍게도 자기 자신과 화해하며, 나아가 타인과 화해하며, 궁극적으로는 하나님과도 화해하게 하는 은총의 통로가 된다.

그런데 부끄럽고 숨기고 싶은 나의 모습과 만난다는 것은 실은 괴로운 것이다. 때론 실망하다 못해 절망하며, 나의 전 존재를 부정하고 싶을 정도로 고통스러운 것이다. 이 괴로움의 터널로 들어간다는 것은 그래서 쉽지 않다. 이것은 아골 골짝 빈들로 가는 길이요, 사망의 음침한 골짜기로 가는 길이다. 한 마디로 많은 사람이 피하고자 하는 좁은 길이다.

우리의 수도승은 이 길을 외면하지 않는다. 자신과 샅바싸움을 하면 할수록 드러나는 자신의 부끄러운 모습에 못내 괴로워하지만, 내면으로의 영적 여행을 포기하지 않는다. 자신의 영혼을 샅샅이 뒤지는 이 여행은 자신을 해부하는 것이다. 이 잡듯이 기억의 골짜기들을 헤집고 다니는 이 여행은 실은 과거로의 여행이다. 우리의 수도승은 기억의 서랍에서 꺼낼 수 있는 모든 것을 꺼내기 위해 자신의 일생을 샅샅이 훑는 저인망식 어업을 철저히 한다. 때론 하루에 몇 차례나 내면의 바닥을 훑곤 하였다. 아니 여섯 시간이나 샅바를 잡고는 자신을 이리 내치고, 저리 내치기도 하였다.[WA15,489] 그래서 "하나님이 너에게 화를 내시는 것이 아니라, 네가 하나님께 화를 내고 있다"는 말을 들을 정도였다.[WATR1,Nr.122; WATR1,Nr.6017]

왜, 무엇 때문에 우리의 수도승은 그렇게 한 것일까? 무슨 죄를 그렇게 많이 지었기에 반복되는 먼지털기식 수사에도 불구하고 자신이 지나온 바다 위로 쉬지 않고 그물을 던지는 것일까? 혹 그는 씻을 수 없는 대죄大罪를 지었는가? 아닌 것 같다. 이 수도승이 남긴 글들을 이 잡듯이 뒤진 연구자들이 한목소리로 말하는 것은 우리의 주인공이 남들로부터 손가락질을 받을 만한 큰 죄를 짓지 않았다는 것이다. 그가 괴로워하고 몸부림치는 것은, 알레르기 반응을 보일 정도로 작은 죄도 용납하지 못하는 그의 특별한 영적

민감함 때문이라는 것이다. 그래서일까? 그의 영적 스승인
슈타우피츠^{J. Staupitz}는 조그마한 죄에도 조바심을 내는 제자
에게 이렇게 조언한다.

> "너는 죄가 없고자 하는구나. 너는 실제로 대단한
> 죄를 짓지 않았다. 그리스도께서는 큰 죄를 용서
> 하시지. 부모님을 살해하거나 비방한다든지, 하
> 나님을 모독한다든지, 간음한다든지, 이런 것이
> 큰 죄라네. 그리스도께서 너를 도와주시려면, 너
> 는 큰 죄가 들어 있는 목록을 가져야 하네. 조그
> 맣고 연약한 죄들과 씨름하지도, 모든 소음에서
> 죄를 만들지도 말게!"^{WATR6,Nr.6669;WATR1,Nr.518;WATR2,Nr.}
> ^{1288;Nr.2283}

  슈타우피츠는 제자에게 문제가 되는 것이 무엇인지 몰
랐다. 롤란트 베인톤이 지적한 바와 같이, 그에게는 죄의
크고 작음이 중요한 것이 아니었다.^{베인톤,67} 죄가 모조리 토
해졌느냐, 그렇지 않으냐 하는 것이 문제였다. 왜냐하면 죄
가 크든 작든, 모든 죄는 하나님으로부터 분리되는 것이기

때문이었다.[WATR1,Nr.623] 그런데 대죄를 지었을 경우에만 고해하고, 작은 죄에 대해서는 그냥 넘어가도 좋다는 슈타우피츠의 언급은 당시 사람들의 생각을 대변해주고 있다. 대죄를 짓지 않는 한 자신이 죄인이라는 인식을 하지 못하고, 결국 죄에 대해 무뎌지는 경향 말이다. 이것은 후에 우리의 주인공이 비판하게 되는, 죄를 돈으로 장사하는 습성으로 이어진다.

죄에 대해 민감했던 우리의 수도승은 수도원 생활을 통해 이 문제를 속 시원하게 해결하지 못한다. 그가 그렇게도 자신의 죄에 대해 민감했던 것은 신학적인 이유 때문이었다. 죄를 용서받으려면 그 죄에 대해 고해를 해야 한다. 그런데 고해를 해도 빠진 죄들이 나타나지 않는가? 아무리 기억하려고 발버둥을 쳐도 생각나지 않는 죄는 어떻게 고해할 수 있단 말인가? 고해하지 않으면 용서받을 수 없는데, 이 용서받지 못하는 죄를 도대체 어떻게 해결해야 한단 말인가?

죄의 문제를 해결하지 못하는 자에게 하나님은 죄인을 벌하시는 심판의 하나님일 뿐이다. 죽음의 공포에 떨며 수도원에 들어간 수도승은 수도원에서 자신을 벌하시며 심

판하시고자 하시는 하나님을 만나게 되고, 그에 대한 두려
움으로 수도원을 들어갈 때보다 더 큰 공포에 휩싸이게 된
다. 용서받을 수 없음과 그로 인해 지옥에서 벗어날 수 없
음으로 인한 절망의 주름살로 겹겹이 산맥을 이룬 그의 영
적 지도는 도무지 평탄한 길을 찾을 수 없었다. 얍복강의
사나이가 본 브니엘의 '돋는 해'를 도무지 볼 수 없었다. 어
둠의 터널을 빠져나갈 출구를 찾을 수 없었다.

3. 축복의 도시 '로마'에서 막다른 골목에 이르다

다행스럽게도 수도승으로서 루터는 구원에 이르기 위
해 또 다른 도움을 의지할 수 있었다. 바로 성인들의 '잉여
공로'를 의지하는 것이다. 중세 교회는 마리아는 말할 것
도 없고 모든 성인에게는 구원에 이르기 위한 하나님의 요
구사항들을 채우고도 남는 잉여공로들이 있다고 가르쳤다.
이 남은 공로들은 다른 사람들에게 양도될 수도 있었는데,
그 혜택을 받는 방법 중에는 성인들의 성해聖骸들을 방문하
는 것이 매우 효과적인 방법으로 간주하였다. 당시 이런 성

해들이 가장 많이 보관된 곳은 로마였다. 그러므로 로마로
의 성지순례는 모든 믿는 자들의 소망 중의 하나였다.

루터는 행운아였다. 1510년 말에서 1511년 초 사이, 약 4
주 동안 그에게 로마 방문의 기회가 주어졌기 때문이다. 비

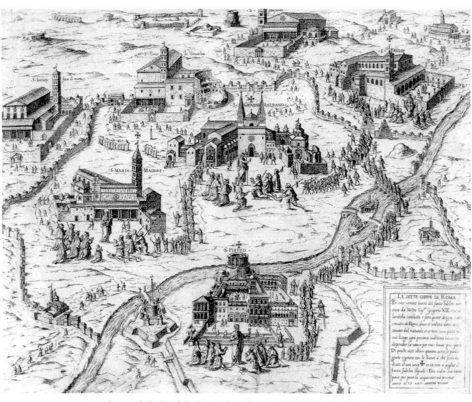

그림 6: 로마의 대표적인 일곱 순례 교회로 1575년경에 앙투안 라프레
리A. Lafrery가 그린 그림. 루터도 이 교회들을 순례하였을 것이다.

록 자신이 속한 수도회의 문제로 가는 것이었지만, 루터는
이 로마 여행을 통해 조상의 영혼을 연옥에서 해방하기 위
해 도시에 있는 모든 은혜의 보고를 열심히 방문하였다.

'토요일에 라테란 궁의 성 요한 성당에서 미사를 집전하
는 아들을 둔 어머니는 천국에 이르는 복이 있다'는 말을
잘 알고 있던 루터는 그곳에서 어머니를 위해 미사를 집전
하고자 했으나, 너무나 많이 몰려든 사제들 때문에 할 수
없었다. 그러나 매일 성 사마티안 제단에서 부모를 위하여
미사를 드렸으며, 심지어는 한 시간에 몇 번의 미사를 드리
기도 하였다.

할아버지를 위해서도 루터는 무언가를 할 수 있었다. 당
시 사람들은 돈을 내고 라테란 궁에 있는 빌라도의 계단
^{Scala Sancta}을 주기도문을 외우며 무릎으로 하나하나씩 올라
가는 행위를 통해 한 영혼을 연옥에서 구해낼 수 있다고
믿었다. 교황청의 돈장사였지만, 루터도 이것을 믿었다. 그
래서 돈을 지불하고 할아버지의 영혼을 구하기 위해 계단
을 올라갔다. 그러나 계단을 다 올라간 루터는 종교개혁
이후 유럽의 지성사에 큰 반향을 불러일으킨 유명한 말을
한다.

"그것이 사실이라는 것을 누가 알겠는가?"^{WA 51, 89}

quis scit, an sit verum.

이 회의적인 질문은 "은혜로우신 하나님"을 만나기 위
해 그가 수도사로서 행한 모든 행위에 대한 비판적인 성

그림 7: 이 계단이 빌라도의 계단이라 불리는 이유는 예수가 심문을 받을 때 밟았다고
간주하는 빌라도 궁에서 가져왔다고 믿기 때문이다. 콘스탄티누스 황제의 어머니인 헬
레나가 326년에 예루살렘에서 가져왔다고 하지만 이것은 15세기에 만들어진 전설이다.
예수의 고난을 기억하며 무릎으로만 올라가야 한다.

찰이라 할 수 있다. 인간의 선한 행위를 통해 구원에 이를
수 있다는 교회의 가르침에 따라 노력하면 노력할수록 루
터는 자신이 구원을 받지 못했다는 불안에 휩싸이게 되었
다. 그가 고민하고 갈등하는 가운데 만나고 그에게 다가오
는 하나님은 인간을 의롭다고 하시는 은혜로우신 하나님
이 아니라, 인간을 심판하시는 율법의 하나님이었다. 이것
이 수도사로서 수도원이 제공하는 틀 안에서 진지하게 삶
을 살았던 루터가 만나게 된 하나님이다. 그는 안전하다고
간주되던 길 위에서 역설적이게도 길을 잃었다.

III. 루터, 성경을 두드리다

1. 새로운 길: 비텐베르크

수도승으로서의 루터는 분명 길을 잃었다. 그러나 사망의 그늘만이 죄와 싸우는 수도승을 감싸고 있지는 않았다. 그의 삶바싸움을 목양적인 관심을 가지고 지켜보고 동행하던 슈타우피츠는 신학자의 길로 그를 부른다. 자신의 문제도 해결하지 못해 몸부림치는 젊은 수도승이 발뺌을 하려고 했던 것은 어쩌면 당연했으리라. 붕괴 직전에 있는 자에게 병든 자들의 교사요, 설교자요, 상담자가 되라는 명령은 소경으로 소경을 인도하는 것과 다름이 없다고 생각하였을 것이다. 그러나 '순명'順命의 서약을 했던 젊은 수도승은 수도원 총감독의 명령을 거역할 수 없었다. 그리하여 비텐베르크로의 길이 열렸다. 그런데 이 길이 그에게 얍복강의 사나이가 본 '돋는 해'를 보는 길이 되리라고 누가 생각했겠는가?

비텐베르크는 우리 개신교도들에게 뿐만 아니라, 세계사의 무대에서 한 획을 그은 역사적인 장소다. 바로 내면으로의 여행을 통해 자신과 처절하게 싸운 젊은 수도승, 젊은 신학자 때문이다. 그러나 당시 비텐베르크는 인구가 2천에

서 2천 5백 명 정도에 불과하며, 1.4Km의 길이를 가진 작
은 도시였다. 유럽의 정치적이며, 지성적이며, 신학적인 측
면에서 변방에 불과했다. 또한 비텐베르크 대학은 1502년
에 만들어진 신생 대학이었으며, 1512년에 이 대학의 교수
가 된 우리의 주인공은 1514년 판 유럽 인명사전에 이름이
나오지도 않을 정도로 무명의 신학자였다. 이 무명의 신학
자를 역사의 지축을 뒤흔드는 시대의 영웅으로 만든 것은
무엇이었을까? 놀랍게도 그것은 성서와의 만남이었다.

그림 8: 1558년경의 비텐베르크. 크라나흐 2세의 채색 목판화로 맨 왼쪽에 슐로쓰
교회, 가운데 슈타트교회, 우측에 대학 건물과 멜랑히톤 하우스가 나온다.

2. 루터, 성경의 사람이 되다

1512년 10월 18일과 19일에 비텐베르크에서 신학박사 학위를 받은 루터는 학위수여식에서 성서를 신실하고 정확하게 설교하고 가르칠 것을 맹세한다. 자신의 정체성을 '성경박사'Doktor der Heiligen Schrift로 자리매김하는 그는 신학 교수로서 학생들에게 성경으로 돌아가도록 권하는 것을 자신의 의무로 여긴다.WA56,371 그래서일까? 그는 첫 강의를 '시편 강해'로 시작한다. 이것이 끝나자 계속해서 로마서 강해, 갈라디아서 강해, 에베소서 강해, 그리고 또 다시 시편 강해를 한다. 이것이 1513년부터 19년까지 루터가 한 강의다.

루터는 왜 성서 강해에 집착한 것일까? 언제부터 성경에 남다른 관심을 갖게 되었을까? '성경에 대한 열심'이라 부를 수 있는 그의 성경 사랑은 언제부터 나타났을까? 수도원에 들어오기 전에 이미 성경과의 접촉이 있었을까? 성경이 귀하던 시절에 성경을 만날 수 있는 곳이 있다

그림 9: 박사모를 쓰고 있는 루터, 크라나흐 1세가 1528년에 그린 목판화

면 어디일까? 다행히 루터는 이런 질문에 답할 수 있는 단
초를 남긴다.

> "나는 에어푸르트 청년이었을 때 대학 도서관에
> 서 성경을 보고는 사무엘서에 나오는 한 이야기
> 를 읽었다. 그러나 나는 수업에 참여해야 했다.
> (그래서 더 읽을 수 없었다.) 나는 성경 전체를
> 읽고 싶다는 바람이 간절했지만, 그때 기회가 주
> 어지지 않았다. 그러나 내가 수도원에 들어갔을
> 때 …"WATR5,Nr.5346

아마도 대학 도서관에서 그
가 읽은 성경은 그 자리에서만
읽을 수 있는 소위 사슬에 '묶
인 성경'이었을 것이다. 당시 성
경은 매우 값비싼 것이었다. 그
래서 이리저리 가지고 다니다
분실되는 것을 막거나, 절도를
방지하기 위해 특정한 책상에

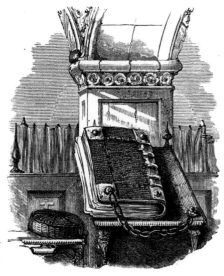

그림 10: 독서대 위에 묶여 있는 성경. 책장
자체에 책들이 묶여 있는 서고들도 있었다.

사슬로 묶여 있곤 하였다. 또한 이 성경은 '전체 성경'이 아
니라 왕들의 이야기만 기록되어 있는 '부분 성경'이었을지
도 모른다.

성경과 처음 마주친 같은 사건으로 보이는 것에 대해 다
르게 표현하는 루터의 말을 또 들어보자.

> "어느 날 한 소년이 성경과 마주쳤다. 그때 왕들
> 의 책에 나오는 사무엘의 어머니에 대한 이야기
> 를 읽었다. 그는 그 책을 참으로 좋아하게 되었
> 다. 그리고 언젠가 그런 책을 소유할 수만 있다면
> 행복하리라 생각하였다. 얼마 후에 그는 주일 설
> 교집을 샀다. 이것도 마음에 들었다. 왜냐하면 일
> 반적으로 일 년 동안 가르쳐지는 것보다 더 많은
> 복음서를 포함하고 있었기 때문이다."[WATR1,Nr.116]

루터는 에어푸르트에서의 대학 공부를 1501년 초에 시
작하여 1505년 1월에 문예학 석사 학위를 받았다. 그리고
법학을 공부하다 1505년 7월 17일에 수도원에 들어간다.
때문에 에어푸르트 대학 도서관에서 성경을 통해 사무엘
의 어머니 한나의 이야기를 읽은 시기는 1501년과 1505년

7월 사이의 어느 시점일 것이다. 그런데 이 시기를 좀 더
가깝게 추정하게 해주는 또 다른 실마리가 있다.

그림 11: 에어푸르트 도서관에서 성경을 발견한 루터. 오른손으로는 사무
엘서를 펼치며 놀라운 눈으로 보고 있는 반면에, 왼손으로는 아리스토텔
레스 책과 토마스 아퀴나스 책을 밀쳐 내고 있다.

"30년 전에는 누구도 성경을 읽지 않았다. 성경은 모든 자에게 알려진 것이 아니었다. 예언자들은 마치 이해될 수 없는 자들인 양 언급되지도 않았다. 내가 스무 살이었을 때, 나는 아직 성경을 보지 못했다. 주일 설교집에 쓰인 것 외에는 어떤 복음서도, 어떤 서신서도 없다고 생각했다. 마침내 나는 도서관에서 성경을 발견하고는 곧바로 수도원으로 가지고 와 읽기를 시작했다. 나는 성경을 다시 읽고, 또다시 읽어 슈타우피츠 박사가 매우 놀랄 정도였다."[WATR3,Nr.3767]

1483년생인 루터가 20살이 되는 것은 1503년이다. 따라서 이 기억에 의하면, 1503년이 한 권으로서의 전체 성경을 발견하고 읽게 된 최초의 시점이다. 그런데 위 인용문의 후반부는 이미 수도원에 들어간 후의 삶을 전제로 한다. 따라서 앞부분과 시기적으로 일치하지 않는다. 이것은 30년 후의 루터 기억이 정확하지 않다는 것을 보여준다.

그러나 어쩌면 1503년은 루터가 성경을 처음으로 접한 해라고 말할 수도 있다. '에어푸르트 청년'과 '소년'은 이때

를 가리키는 용어일 수 있기 때문이다. 루터를 지칭하는 이
런 용어와 비슷하지만 다른 표현도 있는데, 그것도 성경 읽
기와 관련된 것이기에 직접 들어보자.

> "다음은 사실이다. 내가 에어푸르트의 젊은 석사
> 였을 때, 슬픈 시련이 나에게 닥칠 때마다 나는
> 성경 읽기에 몰두하였다. 그 결과 오래지 않아 성
> 경의 단순한 텍스트로부터 교황권에 많은 오류
> 가 있음을 보았다. 이런 생각이 에어푸르트 도서
> 관에서 저 젊은 나에게 일어났다."WATR3,Nr.3593

이 기록은 1505년 전반기에 대한 회상인 것 같다. 젊은
석사로서 성경을 읽을 수 있는 곳은 대학 도서관뿐이었다.
그런데 이때부터 성경의 이상과 교회의 현실 사이에 부딪
히는 것이 있음을 통찰하게 되었다는 말은 자신의 성경 사
랑을 미화하는 색조를 띤다.

이상에서 루터가 수도원에 들어가기 전에 이미 전체로서
의 성경을 보게 되었고, 이것을 통으로 읽고 싶은 갈망을
가지고 있었음을 알 수 있다. 바로 이런 관점에서 바라보아

야 수련 수도사가 되었을 때 루터가 선임 수도승들에게 청
한 것이 이해가 간다.

"내가 수도원에 들어가고 모든 것을 포기하였을
때, 나에 대한 희망을 버리고 성경을 청하였다.
형제들이 나에게 한 권을 주었는데, 나는 그것을
부지런히 읽으며, 외어 나갔다. 모든 구절을 다
이해하지는 못했지만 말이다. 그런데 수도승 서
원을 하였을 때, 그들은 그것을 나에게서 가져가
고 스콜라주의 책들을 주었다. 그러나 나는 시간
이 날 때마다 도서관으로 갔고, 성경으로부터 다
시 돌아와 수도원 수실에서 (읽은 말씀에 대해)
깊이 생각하였다."WATR5,Nr.5346

얼마나 성경을 통째로 읽고 싶은 마음이 간절했으면, 수
련 수도사가 되었을 때 청한 것이 성경이었을까? 마음속에
묻어 두었던 소원이 이루어졌을 때, 그의 얼굴과 그의 수
실修室은 얼마나 밝았을까? 이런 밝은 성령의 조명 아래서
성경을 읽고 외우고 묵상해서일까? 그는 어떤 성경 구절이

몇 페이지, 어떤 위치에 있는지까지 알 정도였다. 때로는 온종일 중요하다고 느끼는 구절을 묵상하고 반추하는데 보내기도 하였다. 성경 구절을 암기하여 기억 속에 저장하는 일도 게을리하지 않았다. 그 때문에 일종의 '걸어 다니는 성경'ein guter Textualis이라는 말이 어울릴 정도였다.WATR4,Nr.4691 일반적으로 루터 연구가들은 그의 1년여의 수련 기간을 행복했던 시기로 평가한다. 어쩌면 이것은 그의 수련 기간이 간절히 바라던 성경과 함께 하는 여정이었기 때문일 지도 모른다.

루터가 수도승 생활을 시작하게 되었을 때, 왜 성경이 압수당하는 일이 일어났을까? 아마도 석사학위를 가진 루터를 수도원과 대학의 인재로 키우고자 하는 계획에 따라 시도된 것일 수 있다. 실제로 그는 1508년 초부터 철학 강사로 가르치는 일을 시작하며, 동시에 신학 공부를 하게 된다. 이를 위해 스콜라 신학자들의 책들과 씨름을 해야 했다.

그러나 또 다른 면도 있다. 그것은 신임 석사 수도승에 대한 선임 수도승들의 시기와 질투 및 오해와 무지에 기인하는 것일 수도 있다. 시기와 질투라 하면, 공부한 수도승에 대한 시기와 질투를 말한다. 이것은 당시 일반적이었다.

오죽하면 수도승 사이에는 '형제가 공부하면, 그는 우리를
지배할 것이다'라는 말이 공공연하게 회자했겠는가. 그래
서 '수도승은 공부를 통해서가 아니라, 탁발을 통해서 수도
원을 섬기고 부유하게 한다'는 말로 학승^{學僧}을 은근히 억
누르곤 하였다. 오해와 무지란, 성경을 읽는 것을 대수롭
지 않게 여기며 무시하는 것이다. 그 대표적인 예가 루터의
에어푸르트 대학의 스승이었던 바르톨로매우스 아르놀디
^{B.Arnoldi von Usingen}다. 루터의 영향으로 아우구스티누스 수도원
에 입회한 그는 1518년까지 루터와 친밀한 관계를 맺고 있
었다. 그러나 에어푸르트에 종교개혁을 도입하려는 시도에
반대하며 루터와 가장 극렬하게 싸우는 자가 된다. 스승으
로 있던 당시의 말이다.

> "나의 스승인 우징엔 박사가 성경을 매우 사랑하
> 는 나에게 말했다. '성경이 무엇이란 말인가? 더
> 필요한 것은 성경에서 진리를 뽑아낸 옛 박사들
> 을 읽는 것이다. 성경은 모든 불화의 여신이다.'"
> WATR3,Nr.1240

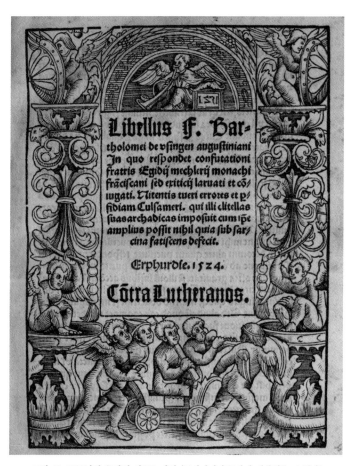

그림 12: 1524년에 출판된 아르놀디의 '루터지지자들에게 대항하는 소책자'
의 표지 그림이다. 프란치스쿠스 수도회 수도승인 에기디우스 메흘러[Egidius
Mechler]와의 대화형식으로 이루어져 있는 이 소책자에서 아르놀디는 루터와
의 논쟁점들에 대해 자신의 입장을 표명한다. 무엇보다도 루터가 주장하는
성직자들의 결혼 문제를 강하게 비판한다. 표지 그림은 라이프치히의 화가
마테스 말러[Matthes Maler]가 그린 목판화다.

폰 우징엔과 같은 생각은 루터가 수도승 생활을 시작하고, 신학공부를 시작할 때의 수도원과 대학에 풍미해 있던 일반적인 견해였을 것이다. 성경보다는 잘 정리된 신학자들의 책들이 선호되는 것도 말이다. 선호가 지나쳐 성경이 아예 도외시되기도 하였던 것 같다. 당시의 이런 분위기에서 볼 때, 다음과 같이 성경을 더 읽고자 하는 루터는 돌연변이다.

> "오래전 내가 수도승으로 있을 때, 사람들은 성경을 멸시하였다. 아무도 시편을 이해하지 못했다. 로마서는 바울 시대의 문제에 대한 몇 가지 토론거리만 가지고 있지 우리 시대에는 아무 유익이 없다고 생각하였다. (성경보다) 스코투스와 토마스와 아리스토텔레스가 읽혀야 한다고 생각하였다. 그러나 나는 성경을 사랑하였다."WATR4,Nr.5008

전 수도 생활을 관통하며 흘러가는 루터의 성경 사랑은 '성경에 대한 경건'으로도 표현될 수 있다. 이런 성경 사랑에 사로잡힌 루터에게 오히려 이해되지 않는 것이 있었다.

신학 교수 조차 성경을 읽지도, 소유하지도 않는 것이다. 이것을 그는 다른 사람도 아닌 자신이 박사학위를 받을 때 비텐베르크 대학의 학장으로 있었으며, 그의 선배 동료인 칼슈타트Karlstadt에게서 발견한다.

> "칼슈타트 박사가 박사 학위 과정에 있었을 때 그는 성경을 한 번도 본 적이 없었다. 에어푸르트 수도원에서는 나만 성경을 읽었다."WATR4,Nr.4692
> "칼슈타트 박사는 신학박사였지만 성경을 가지고 있지 않았다. 그래서 마르틴 박사는 더 강하게 말했다. '30년 전에는 어떤 신학박사도 성경을 가지고 있지 않았다.'"WATR2,Nr.1552

루터가 성경을 붙잡던 시기는 성경을 읽지도 않고 신학박사가 될 수 있고, 신학 교수가 되어도 성경을 소유하지 않아도 되던 시대였다. 성경을 읽고 묵상하고 연구하여 도출한 삶의 신학이 아니라, 과거의 신학적 유산에서 끄집어낸 소위 '책상 신학'이 아직 상아탑을 지배하고 있었다. 그런데 놀라운 것은, 전통적인 신학 방법론을 따르지 않고, 깊은 성

경의 바다에서 끄집어내는 루터의 투박한 어투와 논리를
아무리 뛰어난 신학자라 할지라도 쉽게 반박할 수 없었다
는 것이다. 이것에 대해 칼슈타트가 다음과 같이 말한다.

> "루터와 신학적인 토론을 하지 마라. 그는 10년이
> 나 성경을 읽었다."WATR1,Nr.174
> "루터의 대적자들은 비참했다. 왜냐하면 그는 그
> 들 모두보다 10년 전부터 성경을 읽었기 때문이
> 다. 그들이 10년을 읽는다면, 루터는 20년을 읽
> 은 것이 된다."WATR2,Nr.2512

많은 사람이 비웃은 성경 읽기, 그것은 변방의 신학자
루터를 유럽의 지축을 뒤흔드는 소리가 되게 하였다. 단순
히 학문적인 성경 읽기가 아니라, 수도원적인 성경 읽기를
했기 때문이리라. 이 수도원적 성경 읽기의 특징 중의 하나
는 끊임없이 반복하여 읽는 것이다. 그래서일까? 수도승 루
터는 이렇게 말한다.

> "나는 매년 성경을 두 번씩 읽었다. 성경이 큰 나
> 무고 단어들이 가지들이라면, 나는 모든 가지를

그림 13: 칼슈타트의 원래 이름은 안드레아스 보덴슈타인[Andreas Bodenstein]이지만 일반적으로 고향 명칭인 칼슈타트로 불린다.

스콜라 신학을 비판하는 루터의 견해에 반대하던 그는 1517년에 아우구스티누스의 글을 직접 읽고는 루터 지지자로 돌아선다. 그러나 루터가 바르트부르크성에 숨어 지내던 1521-22년에 비텐베르크 소요의 중심에 서서 교회에서 상들을 떼어낸다. 이로 인해 루터와 소원하게 된 그는 여러 곳을 전전하다 1530년에 취리히에 정착한다. 그리고 하인리히 불링거의 추천으로 1534년에 바젤 대학의 교수가 된다. 1537년에 학장이 되기도 했던 그는 1541년에 흑사병에 걸려 죽는다. 사진은 바젤 대학이 소장하고 있는 동판화이다.

두드려 그것들이 무엇을 의미하는지 알고자 하
였다."WATR2,Nr.1877

이런 성경에 대한 열심과 사랑이 그의 시편과 로마서를
비롯해 다른 성경에 대한 강해와 설교로 이어졌으리라는
것은 자명한 것이다.

3. 루터, 성경에 걸려 넘어지다

성경 사랑이 남달랐던 루터, 신학박사가 되어 시편 강해
를 시작한 젊은 교수는 어려움에 빠진다. 시편 71장 2절과
72장 2절에 이르러 길을 찾지 못하기 때문이다. 그가 수도
원과 대학에서 배우고, 중세 신학자들의 주석을 통해 알게
된 '하나님의 의'는 '하나님은 의로우시다'는 뜻이다. 하나
님께서 의인은 구원하시고, 죄인과 불의한 자는 벌하신다
는 의미에서 하나님은 의로우시다는 것이다.

그런데 수도승으로서 그가 실존적으로 경험한 것은 자
신은 죄의 굴레에서 빠져나올 수 없다는 것이다. 일반 평신

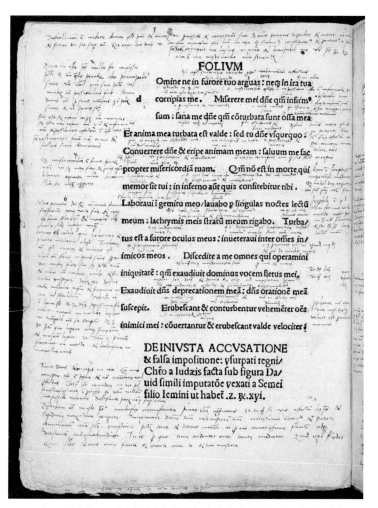

그림 14: 루터가 1513년부터 시편을 강해할 때 먼저 라틴어 본문을 행간을 널찍하게 띄어 인쇄하게 하였다. 그리고 강해 내용을 손으로 기록하여 강의하였다. 비교적 긴 주석은 스콜리온scholion으로 불리고, 짧은 주석은 글로사glossa로 불린다.

도보다 더 영적인 삶을 살며 그래서 구원에 더 가까이 있 다고 여겼지만, 자신의 죄 목록에 기록된 죄들을 도저히 다 지울 수 없는 것이다. 어떻게든 다 지우려고 몸부림치면 칠수록 죄의 늪에서 더 허덕이는 자신을 발견한다. 급기야 는 "절망의 심연에 들어가서 차라리 태어나지 않았더라면 좋았을 걸 하고 탄식"하곤 하였다. 그래서일까? 그는 '하나 님의 의'라는 말을 경멸하게 되었다. 그것은 자신을 심판하 고 벌을 내린다는 말과 다름이 없었기 때문이다.[WA54,185]

자기 성찰을 통해 자신을 "티끌, 잿가루, 죄투성이"로 자 리매김했던 가련한 수도승, 시편과 함께 떠난 영적 여행에 서 '하나님의 의'라는 말을 경멸할 수밖에 없었던 가엾은 젊은 신학자, 그는 이 시편 강해를 통해 인간은 죄인이라 는 사실을 분명히 깨닫는다. 특히 시편 51편 강해에서 인간 은 죄인이며, 이 사실 때문에 하나님께서 그리스도를 고난 받고 죽게 하였으며, 하나님은 당신의 말씀과 우리 안에서 의롭게 되며, 어떻게 우리가 하나님 앞에서 죄인인지 그 현 실을 인식할 때 비로소 우리는 죄인이 된다는 점을 제시한 다.[WA3,287-88] 여기서 마지막에 언급한 죄의 인식은 죄의 고백 이 필연적으로 뒤따라야 진정한 것이며, 죄를 인식하고 죄

를 고백하는 것이 바로 "하나님께서 의롭게 되심"과 밀접
히 연관되어 있음을 강조한다. 한편으로는 죄의 인식과 고
백이, 다른 한편으로는 하나님께서 의롭게 되심이 서로 긴
장 가운데 있으며 서로 대립하는데, 이것을 자신이 죄인임
을 실존적으로 경험한 주인공은 이렇게 표현한다.

> "이 둘은 서로 대립한다. (여기서 대립하는 둘이
> 란) 인간이 죄를 가지고 있다고 부정하고 죄를
> 고백하지 않는 것과 하나님께서 의롭게 되는 것
> 을 말한다. 스스로 자신을 하나님 앞에서 의롭게
> 하는 것과 하나님께 영광을 돌리는 것 말이다.
> 하나님께서는 단지 자기 자신을 정죄하고 (죄인
> 으로) 판결을 내리고 심판하는 자들에 의해서만
> 의롭게 되신다."[WA3,288]

여기서 우리는 자기 성찰을 통해 죄인의 굴레에서 벗어
날 수 없다는 절망 앞에서 몸부림치던 젊은 수도승의 문제
를 성경과의 만남을 통해 해결책을 찾아가는 젊은 신학자
를 발견하게 된다. 자신이 죄인이라는 것을 인식하기 위해

서는 자신을 찾아 나서는 내면으로의 영적인 여행을 해야
한다. 그런데 이것만으로는 부족하다. 발견된 죄는 하나님
앞에서 고백해야 한다. 이런 면에서 죄의 인식과 죄의 고
백은 하나님을 의롭게 하는 "하나의 같은 과정의 양면"이
라는 베른하르트 로제[B.Lohse]의 표현은 적절하다고 할 수 있
다.[로제,82] 죄를 인식하지 못하고 고백하지 않는 것은 하나님
이 아니라 자기 자신을 의롭게 하는 것이기에, 하나님을 의
롭게 하기 위해서는 자신의 죄를 인식하고 고백하는 것이
필연적으로 요청된다.

　바로 이런 이유로 "절망의 심연에 들어가서 차라리 태어
나지 않았더라면 좋았을 걸 하고 탄식"하고 '하나님의 의'
라는 말을 경멸할 수밖에 없었던 젊은 수도승의 처절한 자
기 싸움은 헛된 것이 아니었다. 죄인인 인간을 심판하시는
율법의 하나님을 증오하게 되었다는 젊은 수도승의 절규
가 메아리 없는 소리로만 끝나지 않았다. 자신의 내면으로
의 여행을 통해 끊임없이 죄를 발견하고 그것을 고해하려
는 영적 싸움은 그에게 죄에 대해 잘못 이해하던 중세 신
학뿐만 아니라, 죄에 무뎌진 교회의 삶을 고발하는 단초가
된다. 하나님을 의롭게 하는 신앙이 아니라, 자기 자신을

의롭게 하는데 일차적인 관심을 가진 소위 '영광의 신학'과 '영광의 신앙'에 진정한 회개를 촉구하는 예언자적 소리를 내는 광야의 소리가 된다.

젊은 신학자의 다음 행보가 기다려지는 것은 왜일까? 그가 가는 학적이며 영적인 산책을 따라가고 싶은 갈망이 생기는 것은 왜일까? 그가 시편 여행을 마치고 다음에 도착할 간이역은 어떤 풍경을 자아내는 곳일까? 약 2년 동안 걸었던 그의 시편 산책은 개인적이며, 학문적인 고민의 흔적을 진하게 남겼다. 그 흔적의 또렷한 모습을 시편 강해가 끝나자 곧바로 시작한 로마서 강해의 첫 문장에서 읽을 수 있다.

> "이 서신의 핵심 내용은 육체의 모든 지혜와 의로움이 인간의 눈에, 우리 자신의 눈에 아무리 위대하게 보일지라도 그리고 아무리 바른 정신에서 실행된다고 할지라도, 그것들을 파멸시키고 근절하는 것이다. 그리고 죄가 아무리 소량으로 존재할지라도, 또는 사람들이 그렇다고 믿을지라도, 그것을 심고 세우고 크게 하는 것이다."[WA56,127]

젊은 신학자는 자신과의 처절한 싸움을 통해 어떤 사람
도 하나님의 심판을 피할 수 없는 죄인이라는 사실을 실존
적으로 경험하였다. 그리고 시편 강해를 통해 자신의 통찰
을 성서적으로 확인하였다. 그래서 인간이 죄인이라는 사
실을 분명히 하는 것, 이것이 로마서 강해를 시작하며 던
진 가장 중요한 화두였다. 이제 문제는 죄인인 인간이 어떻

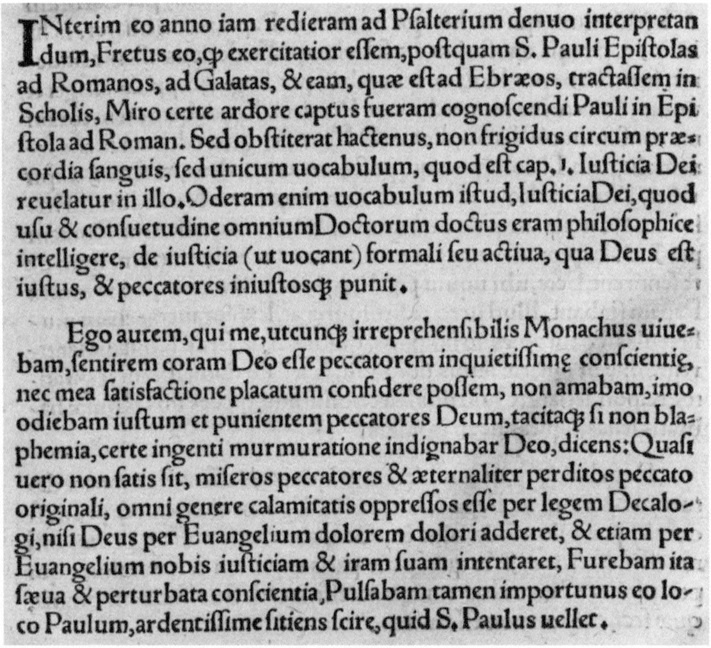

Interim eo anno iam redieram ad Pſalterium denuo interpretan
dum, Fretus eo, cp exercitatior eſſem, poſtquam S. Pauli Epiſtolas
ad Romanos, ad Galatas, & eam, quæ eſt ad Ebræos, tractaſſem in
Scholis, Miro certe ardore captus fueram cognoſcendi Pauli in Epi
ſtola ad Roman. Sed obſtiterat hactenus, non frigidus circum præ=
cordia ſanguis, ſed unicum uocabulum, quod eſt cap. 1. Iuſticia Dei
reuelatur in illo, Oderam enim uocabulum iſtud, luſticiaDei, quod
uſu & conſuetudine omnium Doctorum doctus eram philoſophice
intelligere, de iuſticia (ut uocant) formali ſeu actiua, qua Deus eſt
iuſtus, & peccatores iniuſtoscp punit.

Ego autem, qui me, utcuncp irreprehenſibilis Monachus uiue=
bam, ſentirem coram Deo eſſe peccatorem inquietiſſimę conſcientię,
nec mea ſatisfactione placatum confidere poſſem, non amabam, imo
odiebam iuſtum et punientem peccatores Deum, tacitacp ſi non bla=
phemia, certe ingenti murmuratione indignabar Deo, dicens: Quaſi
uero non ſatis ſit, miſeros peccatores & æternaliter perditos peccato
originali, omni genere calamitatis oppreſſos eſſe per legem Decalo=
gi, niſi Deus per Euangelium dolorem dolori adderet, & etiam per
Euangelium nobis iuſticiam & iram ſuam intentaret, Furebam ita
ſæua & perturbata conſcientia, Pulſabam tamen importunus eo lo=
co Paulum, ardentiſſime ſitiens ſcire, quid S. Paulus uellet.

그림 15: 루터의 라틴어 전집 서문 중 앞 장의 인용문이 나오는 부분으로 한스
루프트[H.Luft]가 1545년에 비텐베르크에서 출판한 초판 원문

게 구원을 얻는가이다. 젊은 신학자의 말로 표현하면, '내가 어떻게 하면 은혜로우신 하나님을 만날 수 있는가?'이다. 어떻게 해도 죄인이라는 굴레를 벗어버릴 수 없는 인간을 더는 심판하지 않고, 그런 죄인인 인간을 구원해주시는 은혜로우신 하나님에 대한 갈망은 로마서와 함께 떠나는 여행이 이르고 싶은 종착역이었다.

그런데 로마서를 곱씹으며 출발한 여행은 곧 장애물을 만난다. 시편 강해에서 그렇게 고민했던 '하나님의 의'가 다시 한번 그의 발목을 잡기 때문이다. 로마서 1장 17절에 나오는 '복음 안에 계시된 하나님의 의'가 바로 그것이다. 후일 노년의 신학자로서 이때의 실존적이며, 신학적인 몸부림을 회고하며 쓴 글에 의하면, 젊은 신학자는 얍복강 가의 야곱처럼 하나님과 씨름을 하였다. 인간이 지킬 수 없는 율법을 만들어 놓고 결국은 인간을 심판하시는 일명 '의로우신 하나님'과의 씨름이었다. 자신이 도저히 사랑할 수 없는, 아니 심지어는 증오하는 이 하나님과의 격렬한 싸움을 위해 그가 택한 샅바는 스콜라 신학적인 전통이 아니라 바로 성경이었다. 이 샅바싸움이 너무도 극적이기에 그 장면을 그대로 옮겨보자.

"확실히 나는 로마서에서 바울을 이해하려는 놀
랄만한 열정에 사로잡혀 있었다. 지금까지 이것
을 가로막고 있는 것이 있었는데, 그것은 가슴
주위의 싸늘한 피가 아니라, 단지 한 단어였다.
그것은 로마서 1장에 '저곳에 하나님의 의가 계
시되었으니' 이다. 왜냐하면 나는 하나님의 의라
는 이 단어를 미워하였기 때문이다. 그것을 나는
모든 박사의 용법과 관습에 따라 철학적으로, 즉
그들이 말하는 대로 형상적 또는 능동적인 의
iustitia activa로 이해하도록 가르침을 받았기 때문이
다. 이 의를 통해 하나님은 의로우시며 죄인과 불
의한 자들을 벌하신다. … 내가 수도승으로 나무
랄 데 없는 삶을 살았을지라도 나는 하나님 앞에
서 양심이 극도로 불안해하는 죄인이라는 것을
느꼈다. 그리고 나의 보속satisfactio을 통해 하나님
의 마음을 돌렸다고 믿을 수 없었다. … 나는 이
런 격렬하고 불안한 양심으로 인해 제정신이 아
니었다. 그런데도 나는 저 구절에서 바울이 무엇
을 원하는지 알기를 몹시 목말라 하면서 집요하

게 바울을 쳤다. 하나님이 불쌍히 여기실 때까지
나는 밤낮으로 주의를 기울여야 하는 단어들의
연결, 즉 '하나님의 의가 저곳에 나타났으니 기
록된바 의인은 믿음으로 말미암아 살리라 함과
같으니라'는 구절을 묵상하였다."^{WA54,185-86}

1545년에 쓰인 이 자서전적 기록에 의하면, 젊은 신학자
는 개인적인 고해의 삶과 강단에서의 시편 강해를 거치며
'하나님의 의' 문제를 해결하지 못해 지쳐있었다. 그가 배
움을 받은 철학적인 해석, 즉 '능동적인 의'라는 개념으로
는 수도승으로서의 나무랄 데 없는 삶에도 불구하고 하나
님의 심판을 피할 수 없었기 때문이다. '너는 죄인이다', '죄
인으로서 너는 하나님의 심판을 면할 수 없다'고 속살거리
는 내면의 소리 때문에 삿바도 잡기 전에 거의 쓰러질 것
같은 상태에 있었다.

그러나 그는 삿바를 놓지 않았다. 속살거리는 내면의 소
리가 그를 더 혼란스럽게 하면 할수록 그는 삿바를 더 다
잡았다. 이 상황을 그는 "풀자레"^{pulsare}라는 단어로 표현한
다. 이 말은 '두드리다', '치다', '때리다'는 뜻에서 시작하여

'괴롭히다', '귀찮게 하다'와 '무찌르다', '쳐부수다', '몰아내다', '물리치다'를 거쳐 '고소하다' 및 '고발하다'는 확장된 뜻을 가지고 있다. 얍복강 가에서 야곱이 씨름을 하던 장면을 떠올리게 하는 전투적인 의미들을 지닌 단어다. 하나님의 의라는 말의 뜻 때문에 '절망의 심연'에 간 것처럼 지칠 대로 지친 젊은 신학자는 역설적이게도 바울을 집요하고 끈질기게 두드리고 친다. 그를 괴롭히고 귀찮게 한다. 그를 고소하고 고발한다.

그럼 '하나님의 의'라는 말 때문에 바울을 쉬지 않고 두드리던 젊은 신학자가 발견한 것은 무엇인가? 그의 말대로 "낙원으로 들어가는 문"이 된 그것은 무엇인가? 이제 종교개혁을 역동적으로 추진해나가는 데 신학적인 원동력을 제공해준 그것에 대해 좀더 자세히 들여다보자.

IV. '값비싼' 은혜의 지평

1. 근사한 교리를 만들어준 루터 만세!

"오늘은 종교개혁일입니다. 바로 우리 시대와 같
은 시대에는 시사하는 바가 큰 날입니다. 루터의
행위로부터 나온 결과들이 왜 그가 원했던 것과
정반대의 것이 되어 버렸고, 그의 말년을 황폐하
게 했으며, 그의 평생 역작마저 의심스럽게 만들
었는지는 여전히 의문으로 남습니다. … 키르케
고르는 이미 100년 전에 루터가 이 시대에 살고
있다면 당시 말했던 것과는 정반대의 것을 주장
할 것이라고 말했습니다. 그것은 옳다고 생각합
니다. 물론 어느 정도 제한된 의미에서 말입니
다."『저항과 복종』,236-37

1943년 10월 31일, 종교개혁기념일에 부모님에게 보낸
옥중서신에서 본회퍼는 루터에 의해 시작된 종교개혁이 원
래의 의도에서 벗어나 원하지 않는 결과를 낳기도 하였다
고 진단한다.

그런데 개신교 역사에서 믿음과 행위의 관계와 관련해

일어난 루터에 대한 찬반논란은 본회퍼가 등장하기 훨씬 이전부터 학자들의 입에 오르내리고 있었다. 본회퍼는 이 논쟁의 역사에서 한쪽의 견해에 동조하고 있는 것으로 보인다. 특히, 키르케고르로 대변되는 노선 말이다. 키르케고르가 믿음과 행위와 관련해 루터를 어떻게 이해했기에 자신의 시대에 살고 있다면 정반대의 것을 주장했을 것이라고 말했을까?

1851년에 키르케고르는 '지금 이 시대에 대한 자기검증을 요청받아'라는 글을 발표한다. 여기서 그는 세 편의 설교를 싣는데, 그 중 첫 번째가 야고보서 1장 22-27절에 대한 설교이다. 여기서 그는 하나님의 은혜가 새로운 율법의 탈을 쓰고 행위로 변질하였다고 중세를 분석한다. 행위 자체는 하나님께서 값없이 베푸신 은혜에 대한 반응으로 신실하고 겸손하게 행해져야 한다. 그런데 이런 소중한 행위가 은혜를 획득하는 공로로 바뀌었다는 것이다.^{Kierkegaard,32}

이러한 때에 루터가 등장하여 오직 믿음으로만 구원을 얻는다고 말한다. 구원의 서정에서 믿음을 바른 위치에 놓기 위해 그는 야고보서를 한쪽으로 밀어젖히는 시도까지 한다. 그런데 무슨 일이 일어났는가? 키르케고르는 시대를

초월하여 존재하는 인간의 '세속적인 성향'에 주목한다. 그
가 말하는 세속적인 성향이란 어떤 것인가? 그것은 "그리
스도인이라는 이름을 가지기를 원하지만, 가능한 한 값싼
가격으로 그리스도인이 되기를 원하는" 성향을 말한다. 바
로 이런 성향이 있는 사람들이 루터의 말에 어떻게 반응하
였을까? 키르케고르는 다음과 같이 말한다.

> "이 얼마나 근사한가? 이것은 바로 우리를 위한
> 것이다. 루터는 오직 믿음만 중요하다고 말했지
> 자신의 삶이 행위를 드러내고 있다고 덧붙이지
> 않지 않았다. 그가 죽었기 때문에 그의 삶은 이
> 제는 아무것도 의미하지 않는다. 이제 우리는 그
> 의 말과 그의 가르침만을 가지고 있다. 우리는 모
> 든 행위로부터 벗어났다. 루터 만세! 여자와 술과
> 노래판을 좋아하지 않는 자는 평생 어리석은 자
> 로 머무는 것이다. 이것이 기독교를 시의적절하
> 게 개혁하였던 하나님의 사람인 루터의 삶의 의
> 미다."Kierkegaard,34-35

민음으로만 의롭게 된다고 말하면서도 삶으로는 행위의 삶을 살아냈던 루터에 비해, 후대의 역사는 부담스러운 행위를 삶의 자리에서 완전히 제거하고 오직 문자적인, 교리적인 믿음만 붙들었다는 것이 키르케고르의 개신교 역사 이해다. 루터가 원한 것은 행위 자체의 제거가 아니다. 그가 시도한 것은 행위에서 공로적인 성격을 제거하고, 행위를 바르게 자리매김하는 것이었다. 행위란 믿음에 대한 증인 역할을 하는 것으로 믿음에는 행위가 자연적으로 따른다는 것이다. 그러나 루터 이후, 믿음과 행위는 서로 다른 가치로 분리되고, '오직 믿음'은 행위를 제거하는 구호로 전락하였다. 그 결과 믿음의 상실로 이어졌다. 이러한 이해 때문에 키르케고르는 다음과 같이 말할 수 있었다.

"루터가 우리 시대에 와서 우리의 상태를 눈여겨본다면, 사도 야고보의 자리를 좀 앞으로 당겨야 한다고 말하리라 생각하지 않습니까? 물론 믿음에 대항하는 행위 때문이 아닙니다. 결코 아닙니다. 이것은 사도가 의도하는 바가 아닙니다. 그것은 믿음 때문입니다. 한편으로는 은혜가 필요하

다는 것이 더 깊이 느껴지도록 하고, 다른 한 편
으로는 믿음과 은혜를 내팽개치고, 세속적인 삶
을 교활하게 덮어주는 구실로만 삼는 것을 막기
위해서 말입니다."[Kierkegaard,49-50]

종교개혁 당시의 루터가 믿음을 강조하기 위해 행위의
중요성에 관해 이야기하는 야고보서를 한쪽으로 밀어두
었다면, 그 루터가 키르케고르의 시대에는 야고보서 말씀
을 좀 부각해야 한다는 지적은 서로 정반대되는 것이 아니
다. 행위를 믿음 위에 두고자 하는 것은 키르케고르가 의
도하는 것이 아니다. 그는 '오직 믿음으로만'이나, '오직 은
혜로만'이라는 루터의 종교 개혁적 원칙을 문제 삼지 않는
다. 이것은 그에게도 의문의 여지가 없는 기독교적인 기본
원칙이다. 그가 제기하는 한 가지 생각할 점은, 루터가 이
원칙을 주장할 때 간과한 것이 있다는 것이다. 믿음과 행위
를 구분하지 않고 살았던 자신에 비해, '오직 믿음으로만'
이라는 말을 들을 때 행위를 소홀히 하게 되는 인간의 영
리한 자기 합리화를 간과했다는 것이다.[Kierkegaard,50-51]
   키르케고르의 이러한 제한에도 불구하고 루터가 믿음

을 강조한 결과 행위가 사라지게 되었다는 비판적 소리는
사라지지 않고 있다. 신학적인 용어로 표현하면, 루터는 칭
의만 말하고 성화는 말하지 않았다는 진술이 단골 메뉴로
나온다. 거룩한 삶이 외면되는데 신학적인 동기를 주었다
는 비판에 대해 루터는 어떻게 대답할 것인가? 그리고 실
제로 그의 주장이 후대에 어떻게 읽혔는가?

2. 나는 인간과 계약을 맺으신 하나님을 증오한다

우리는 루터가 자신의 죄와 처절하게 싸웠다는 것을 잘
알고 있다. 죄와 처절하게 씨름하고, 죄의 사면을 위해 고
해신부에게 달려가는 것을 밥 먹듯 하던 루터의 일상은 당
시 수도승 사이에서도 일반적인 것은 아니었다. 되풀이되는
고해로 인해 고해신부를 피곤하게 만들었고, 그래서 "하나
님이 너에게 화를 내시는 것이 아니라, 네가 하나님께 화
를 내고 있다"는 말을 들을 정도였다.[WATR1,Nr.122] 계속해서 발
견되는 자신의 죄에 대해 얼마나 민감한 반응을 보였으면,
영적 스승인 슈타우피츠로부터 시시콜콜한 잔가지 죄들에

대해서는 괴로워하지 말고, 대죄에 대해서만 고해하라는
말을 들었을까?

슈타우피츠의 조언은 죄와 고해에 대한 중세의 입장을
어느 정도 대변해준다. 고해를 성례로 간주하였지만, 사람
들 사이에서는 그렇게 인기를 끄는 성례는 아니었던 것 같
다. 공개적으로 실시되던 고해를 사람들이 꺼리는 경향도
있었겠지만, 어쩌면 죄의 문제에 둔감한 탓도 있었을 것이
다. 대죄를 지었을 경우를 고려하여, 최소한 일 년에 한 번
이상은 고해를 해야 한다고 공의회가 결정한 것은 이러한
중세의 분위기를 대변해준다. 슈타우피츠의 언급도 이런
배경에서 나온 것 같다. 그러나 이것은 루터에게 실존적으
로 무엇이 문제인지 모르는 대답이었다. 죄가 크든 작든 모
든 죄는 하나님으로부터 분리되는 것이기에, "하나님 앞에
서 의롭게 되고 구원받기를 원하는" 루터는 죄의 용서가
선포되는 고해를 붙잡지 않을 수 없었다.[WATR5,Nr.6017] 이렇듯
루터가 죄 문제와 처절하게 싸운 것은 자신의 구원이 달려
있기 때문이었다.

그런데 이 개인적인 구원의 문제는 당시 신학적인 명제
와 맞물려 있었다. 하나님의 의에 대한 중세의 일반적인 이

해에 의하면, 의인은 구원하시고 죄인은 벌하신다는 의미
에서 하나님이 의로우시다는 것이다. 이 의로우신 하나님
앞에서 인간이 죄인이 아니라, 의인으로 서는 방법은 무엇
인가? 그것은 자신이 해야 하는 것, 자신이 할 수 있는 것
을 최선을 다해서 하는 것이다. 이것이 바로 중세를 거쳐
루터까지 이어져 내려온 유명한 경구인 '자신에게 속한 것
을 행하라'facere, quod in se est가 뜻하는 것이다. 인간이 태어날
때 가지고 태어나는 자연적인 능력에 따라 최선을 다하라
는 것이다. 그러면 자신에게 속한 것을 최선을 다해서 하는
자에게 하나님께서는 어떤 보상을 주시는가? 그것은 바로
은혜다. 그래서 인간의 행위에 대한 하나님의 보상을 확약
해주는 경구가 널리 퍼지게 되었다. 그것은 '하나님께서는
자신에게 속한 것을 최선을 다해 하는 사람에게 은총을 주
시지 않을 수 없다'facienti quod in se est, Deus denegat gratiam는 것이다.

　이런 경구 속에 포함된 신학적인 함의는 칭의의 과정에
는 인간의 역할과 하나님의 역할이 각기 따로 있다는 것이
다. 인간은 참회 등을 통해 자신이 할 수 있고, 해야 하는
것을 하면 된다. 그러면 하나님께서는 당신의 일을 하신다
는 것이다. 이것을 중세의 한 신학자는 이렇게 표현한다.

"만일 인간이 자신에게 속한 것을 한다면, 하나
님께서는 당신 자신에게 속한 것을 해야 한다."

맥그래스,156

si homo facit, quod suum est, Deus debet
facere, quod suum est.

여기서 우리가 남다른 주의를 기울여야 하는 것은 조동
사의 역할을 하는 '데베레'^{debere}이다. 하나님 편에서 '반드
시 해야 하는' 이 의무는 중세 후기에 하나님과 인간 사이
의 계약 사상에 결정적인 영향을 미치기 때문이다. 이 계약
의 독특성은 하나님과 인간 사이의 쌍방 대화를 통한 계
약이 아니라, 하나님께서 일방적으로 맺으셨다는 것이다.
이 계약의 내용은 하나님께서 인간에게 의롭게 되는 조건
을 제시하셨고, 인간이 이 조건을 성취하면 의롭게 여기겠
다는 것이다. 여기서 중요한 것은 인간의 행위 자체가 정말
의롭다 함을 받을 정도로 가치가 있는 것은 아니지만, 하
나님께서 그것을 가치가 있는 것으로 여기겠다는 약속이
다. 이 약속을 지키는 것이 바로 하나님의 자비요, 의다.

중세를 지배하고 있는 경구와 함께 중세 후기의 계약 사

상에서 루터도 자유롭지 않았다. 신학을 제대로 공부한 그
는 칭의론과 관련된 중세의 흐름을 잘 알고 있었다. 이런
그의 입장은 1513년부터 실시된 첫 번째 시편 강해에 잘
나타난다. 시편 115편 1절에 관한 강해에서 그는 다음과 같
이 말한다.

> "구하라 그리하면 너희에게 주실 것이요, 찾으라
> 그리하면 찾아낼 것이요, 문을 두드리라 그리하
> 면 너희에게 열릴 것이라고 하나님께서는 약속
> 하셨다. 이것을 박사들은 다음과 같이 바르게 가
> 르쳤다. '자신에게 속한 것을 최선을 다해서 하는
> 자에게 하나님께서는 반드시 은총을 주신다.' 물
> 론 그가 은총을 준비할 수 있는 것은 자신이 행
> 한 것의 공로적 가치에 의한[de condigno] 것이 아니
> 다. 왜냐하면 그것이 (그럴 만한 가치가 있는 것
> 으로) 고려될 수 없기 때문이다. 다만 전적으로
> (당신의) 신실하심에 따라[de congruo] 하나님의 약속
> [promissio]과 자비의 계약[pactum] 때문에 가능한 것이
> 다."[WA4, 262]

경구의 이해 자체도 그렇지만, '데 콘디뇨'de condigno와 '데 콩루오'de congruo라는 말을 대립적인 쌍으로 사용하는 것도 루터가 중세의 영향 속에 있음을 전형적으로 보여주는 예이다. 두 관용구 모두 공로와 관련되어 사용된다. 전자는 인간이 하나님의 은총의 능력으로 행한 업적을 통해 의롭게 될 수 있는 권리를 부여받는 의미로 사용된다. 그래서 '타당한 공로', 또는 '가치 있는 공로'라는 말로 번역되기도 하는데, '좁은 의미의 공로'라는 의미를 지닌다. 후자는 인간의 행위 자체가 보상을 받을 수 있는 가치는 없지만, 하나님의 약속과 계약에 의해 그럴만한 가치가 있는 것으로 인정된다는 의미로 사용된다. 그래서 '준 공로'라는 말로 표현되기도 하는데, '넓은 의미의 공로'라는 뜻으로 사용된다.

공로와 관련해 중세 신학에 깊게 뿌리를 내린 이런 전문 용어의 사용을 우리는 루터의 시편 119편 17절 강해에서도 발견하게 된다. 그는 첫 번째 단어로 나오는 '후대해 달라'는 말을 설명하면서 이렇게 말한다.

"그는 응분의 상을 받기를 청한다. 그것은 율법을 문자적으로 지킨 자들에게 상을 받을 만한 가치

가 있어서 보상되는 것이 아니라, 이미 결정된 것
이요, 그리스도 안에서의 안내자요, 그리스도의
믿음 때문이다. 그러므로 그것은 신실하심에 따
라 하나님의 계약과 약속과 낯선 믿음으로부터
나온 공로다."^{WA4,312}

중세 후기의 계약 사상에 의하면, 하나님께서 의로우시
다는 사실은 바로 당신께서 인간과 맺으신 계약을 신실하
게 지키신다는 의미에서 그렇다는 말이다. 이것이 루터가
수도승 생활을 하며 신학을 공부할 때 배운 계약적 칭의
론이다. 그래서일까? 그는 자신에게 주어진 일상을 최선을
다하여 산다. 하나님께서 자신에게 부여하신 최소한의 계
약의 조건을 성취하기 위해 자신에게 주어진 삶의 과제들
을 성실하게 수행한다. 수도사가 된 그가 수도원이 규정하
는 종교적인 행위들을 철저히 지키며 수도 생활을 한 것은
바로 이런 이유 때문이다. 이 수도 생활을 얼마나 철저하게
하였는지에 대해 그는 이렇게 회고한다.

"저는 경건한 수도승이었습니다. 수도원의 규정을

엄격하게 지켰기 때문에 만일 수도승이 수도원
생활을 통해 하늘나라에 이르는 것이라면 저는
(틀림없이) 갔을 것이라 말할 수 있습니다. 이것
은 저를 알고 있는 제 수도원의 형제들이 입증해
줄 것입니다. 왜냐하면, 철야, 기도, 독서, 다른 일
들에 몰두하였기에 (만약 이 일들이 좀 더 지속
되었다면) 저 자신을 죽음의 길로 몰고 갔었을지
도 모르기 때문입니다."[WA38,143]

이것은 중세 후기의 계약적 칭의론에 묶여 있던 루터의
삶을 반영해준다. 그가 이런 삶을 살았기에 하나님께서 당
신의 약속과 계약에 근거해 그를 의롭다고 인정해 주시리
라 확신했다. 그러나 이런 확신이 위기에 이른다. 어디까지
가 하나님께서 인정해주시는 최선인가? 최선의 정도가 어
디까지인가? 어느 정도 최선을 다해야 계약의 조건을 충족
시키는 것인가?

이런 불확실성은 고해와 관련하여 더욱 분명하게 드러
났다. 칭의론에 배어 있는 계약적인 사고에 의하면, 고해도
할 수 있는 한 최선을 다해서 해야 한다. 대충하고 끝내는

형식적인 고해는 하나님께서 부여하시는 칭의의 조건을 채울 수 없다. 루터가 자신의 죄에 대해 민감할 수밖에 없었던 이유가 여기서 드러난다. 하루에도 몇 번씩 고해하거나, 한 번에 6시간이나 내리 고해를 한 것은 너무 지나치다고 여길 수 있는 측면도 있지만, 이것은 그만큼 계약의 조건을 충실히 지키려는 열정이 있었음을 증명해주는 실마리이기도 하다.

그런데 이 고해를 행함에도 어디까지, 어느 정도까지 해야 하는가? 분명히 이 정도면 됐다고 느끼는 적도 있을 법한데, 죄 사함을 위한 루터의 내적 성찰은 멈추지 못한다. 왜 그랬을까? 무슨 잘못을 그렇게 많이 했기에 죄의 물줄기가 마르지 않는 것일까? 루터의 말을 직접 들어보자.

"나는 규율을 지키려고 내가 할 수 있는 한 열심히 했다. 나는 규칙적으로 죄를 뉘우쳤고, 내 죄의 목록을 만들었다. 나는 그것들을 반복해서 고백했다. 나는 나에게 할당된 참회를 성실하게 이행했다. 그러나 아직 나의 양심은 계속 불평을 했다. 그 양심은 내게 계속 말했다: '그것으로 모

자란다', '너는 충분히 참회하지 않았다', '너는
이것을 고해에서 빠뜨렸다.' 내가 의심하고, 약하
며, 고뇌에 싸인 양심을 인간의 전통들로 치유하
고자 노력하면 할수록, 나는 내 양심이 더욱더
의심하고, 약하고, 고뇌에 둘러싸이게 된다는 것
을 나날이 깨달았다."

　이것은 죄를 지은 것이 많다는 고백이 아니다. 죄 사함
을 받는 고해를 통해 하나님께서 제시하신 구원에 이르는
조건을 만족시킬 수 없는 자신의 존재에 대한 몸부림이다.
루터의 최선은 막다른 골목에 이르렀고, 그곳에서 자신을
기다리시는 하나님은 당신의 약속과 계약에 따라 조건을
채우지 못한 자들을 벌하시는 하나님이었다. 할 수 있는 한
최선의 삶을 살고자 했던 자신을 대면하고 계신 분이 심판
의 하나님이라는 것을 확인하는 순간, 책상에서의 배움과
삶이라는 실존적 자리에서의 배움이 서로 다르다는 것을
깨닫는다. 문자로 인쇄된 전통적인 '하나님의 의'와 최선을
다하며 살아가는 삶의 자리에서 만나는 '하나님의 의' 사
이에서 방황하고 절망하는 자신을 발견한다. 루터, 그는 중

세가 닦아놓은 길 위에서 길을 잃었다. 길 뿐만이 아니라 아버지에 의해 아버지를 잃었다. 미아가 된 막다른 골목에서 루터는 절규한다.

> "나는 죄인을 벌하시는 의로우신 하나님을 사랑
> 하지 않았다. 오히려 나는 그분을 증오하였다. 비
> 록 내가 비밀스러운 악덕을 가지지는 않았지만
> 그래도 하나님을 향한 큰 불만을 가지고 화가 난
> 상태에서 말했다. '불쌍하고 원죄를 통해 영원히
> 잃어버린 바 된 죄인이 거룩한 십계명의 율법을
> 통해 온갖 불행을 달고 다니는 것이 충분하지 않
> 아, 하나님께서는 또다시 복음을 통해 고통에 고
> 통을 쌓아 올려야 했습니까? 그리고 복음을 통
> 해 우리를 당신의 의와 분노로 위협을 해야 했습
> 니까?"[WA54,185]

하나님을 모독하는 거친 말투다. 수도승으로서나 신학자로서나 해서는 안 되는, 수위를 넘어선 무례하고 불경건한 말이다. 이제 의로우신 하나님은 루터에게는 더는 사랑

의 하나님이 될 수 없었다. 단지 미움과 증오의 대상일 뿐
이다. 한 인간 안에서 발견되는 역사의 아이러니다. 죽음의
공포에 떨며 수도원에 들어간 수도승이 만난 하나님이 자
신을 벌하며 심판하는 하나님이라니! 인간이 지킬 수 없는
법을 만들어 놓고는 그 인간에게 벌을 내리는 것을 즐기는
분이라니!

　하나님의 약속과 계약을 너무 신뢰하고, 자신의 몫인 신
실한 삶을 너무도 철저하게 지키려다 떨어진 절망의 심연
에서 이런 무례한 말을 내뱉을 수밖에 없었던 수도승의 마
음은 얼마나 갈기갈기 찢겼을까? 하나님의 의에 대해 학생
들을 가르쳐야 하는 신학자의 양심은 얼마나 짓눌리고 괴
로웠을까? 도대체 이 절망의 터널을 그는 언제나 벗어날
수 있을까? 중세의 여리고 성에 갇힌 하나님의 의라는 감
옥에서 해방되는 것이 그에게 현실이 될 수 있을까? 그것
은 어떻게 가능할 수 있을까?

3. 루터의 다메섹 길

계약의 하나님과 치열하게 씨름을 하던 루터에게는 이 싸움을 더욱 진지하게 할 수 있는 무대가 있었다. 그것은 성경을 읽고 연구하는 것이었다. 단순히 개인적인 경건을 위한 읽기도 있었지만, 교수가 된 이후의 성경 읽기는 학생들에게 바른 뜻을 전해주어야 하기에 더 치열한 읽기가 될 수밖에 없었다. 그렇게 그는 시편을 강해하고, 로마서를 강해하고, 갈라디아서를 강해하였다. 이런 강의를 위해 그가 성경을 읽고 연구한 길을 루터 연구가 베인톤은 이렇게 기록한다.

"이 연구가 루터에게 다메섹으로 가는 길인 셈이었다. 그의 혼란을 해결한 이 세 번째 종교적 위기는 슈토턴하임에서의 날벼락을 통한 첫 격동이나, 처음으로 미사를 집례하는 도중에 그를 엄습해 온 두 번째 전율과 같은 지진에 비하면 나지막한 음성과 같았다. 이 세 번째 위기를 재촉한 것은 벼락도 아니요, 하늘의 허깨비도 아니요, 종교

의식도 아니었다. 그 장소도 앞을 내다볼 수 없이
폭우가 퍼붓던 외진 길이나 거룩한 제단이 아니
라, 아우구스티누스 수도회의 탑 안에 있던 조용
한 서재였다. 루터의 문제 해결은 일상 임무를 수
행하는 가운데 그 실마리가 잡혔다."[베인톤,75]

베인톤이 말한 이 '일상 업무'를 게르하르트 에벨링[G.
Ebeling]이 보다 분명히 밝혀준다. 1962/63년의 겨울학기에 에
벨링은 취리히 대학에서 모든 학과의 학생들이 들을 수 있
는 교양강좌를 개설하여 루터에 대해 강의한다. 첫 강의에
서 그는 루터가 종교개혁을 일으킬 당시 대학이라는 장이
종교개혁을 일으키는 데 얼마나 중요한 역할을 하였는지를
상기시킨다. 이를 분명히 하기 위해 수도사요, 설교자요, 문
필가요, 교회의 개혁가요, 교육가요, 유럽 전역에 영향을 미
친 영적 지도자라는 루터의 직업이 대학교수라는 직업과
밀접히 연관되어 있었다고 언급하며 이렇게 말한다.

"루터를 종교개혁이라 불리는 혁명적인 행위로
내몬 출발점이자 지속하게 한 중요한 동인은 (그

가 가지고 있던) 대학에서의 교수직이었다. 이 대
학교수라는 직업을 진지하게 고려하지 않는 것은
종교개혁의 실제적인 핵심과 의미를 오해하게
만들며 종교개혁자로서의 루터의 모습을 왜곡시
키게 한다."[Ebeling,5]

그렇다. 신학교수라는 루터의 직업은 종교개혁운동의 심
지를 당기는 중요한 근원이 되었으며, 종교개혁운동을 계
속해서 전개해 나가는데 중요한 근거를 제공하였다.

바로 이것을 루카스 크라나흐 1세가 증언해 준다. 그는
1521년에 루터의 초상화를 그린다. 루터를 심문하고자 하
는 보름스 제국의회로 막 떠나기 전에 그린 것으로 매우
의미심장한 내용이 담겨 있다. 루터 자신은 물론 주변 사
람들도 이 제국의회에서 루터는, 이전의 얀 후스처럼, 잡혀
죽을 것이라고 우려하였다. 그래서일까? 보름스로 가기 전
에 크라나흐 1세는 루터의 초상화를 그린다. 그리고 그 밑
에 다음과 같은 글을 덧붙인다.

"이 작품은 루터가 죽을 때를 상정하여 루카스가

그린 것이다. 그의 정신의 영원함을 그 자신이 표
현해 준다."

Lucae opus effigies haec est moritura Lut-
heri aethernam mentis exprimit ipse suae.

그림 16: 크라나흐 1세가 1521년에 그린 박사모를 쓴 루터. 밑에
나오는 텍스트가 바로 앞 쪽에서 인용한 내용이다.

일종의 영정사진과 같은 성격을 지녔다고 할 수 있는 루터의 모습은 박사모를 쓰고 있는 모습이다. 무엇보다 학교에서 학생들을 가르치는 성경강해와 이것을 준비하던 성경연구를 통해 루터가 종교개혁사상을 발견했다는 것을 상징적으로 보여주는 것이다.

그렇다. 루터가 시편을 거쳐 사도 바울의 서신으로 들어가 그 사이를 꼼꼼하게 꿰뚫고 지나가던 길은 사울이 바울로 변화되던 다메섹 길과 비교될 수 있다. 다른 것이 있다면, 사울이 아나니아를 만났다면, 루터는 바울을 만난 것이다. 이 만남의 장소는 루터의 서재였다. 성경과 씨름하는 이곳은 기도하는 서재요, 연구하는 기도실이었다. 바로 이런 성격의 탑실^{塔室}이 그에게는 다메섹 도상이 된 것이다. 자신의 이 다메섹 도상에 대해 루터는 이런 말을 남긴다.

"나는 이런 격렬하고 불안한 양심으로 인해 제정신이 아니었다. 그런데도 나는 저 구절에서 바울이 무엇을 원하는지 알기를 몹시 목말라 하면서 집요하게 바울을 쳤다. 하나님이 불쌍히 여기실 때까지 나는 밤낮으로 주의를 기울여야 하는 단어들의 연결, 즉 '하나님의 의가 저곳에 나타

났으니 기록된바 의인은 믿음으로 말미암아 살
리라 함과 같으니라'는 구절을 묵상하였다. 거기
서 나는 하나님의 의는 이 의에 의하여 의인이
하나님의 선물, 즉 믿음으로 말미암아 살아가는
바로 그 의라는 것을 이해하기 시작하였다. 또한
복음에 계시된 바 하나님의 의는 수동적인 의라
는 것, 곧 이 의를 통해 자비로우신 하나님이 우
리를 믿음으로 말미암아 의롭다고 하시는데, 이
것이 '오직 의인은 믿음으로 말미암아 살리라'라
고 기록된 의미임을 이해하기 시작하였다. 그 순
간 나는 내가 완전히 새로 태어나고, 열린 문들
을 통하여 낙원으로 들어갔다고 느꼈다. 그리고
전 성경 모습이 다르게 보였다. 그래서 기억하고
있는 성경 구절들을 헤집으며 성경의 다른 용어
들 속에서 발견되는 유비類比들을 모았다. 예를 들
어, 하나님의 일, 그것은 하나님께서 우리 속에
서 일하시는 것이며, 하나님의 권능은 그것을 가
지고 하나님께서 우리를 강하게 만드시는 것이
고, 하나님의 지혜는 그것을 가지고 하나님께서

우리를 지혜롭게 만드시는 것이다. 하나님의 힘,
하나님의 구원, 하나님의 영광도 마찬가지 의미
이다. 그리고 나는 '하나님의 의'라는 단어를 이
전에 미워하였던 것만큼의 사랑을 가지고 나에
게 가장 달콤한 언어라고 찬양하였다. 이렇게 바
울의 그 구절은 내게 진정한 낙원으로 들어가는
문이 되었다."WA54,185-86

그림 17: 아우구스티누스 수도원과 루터의 서재로 사용되던 탑. 바로 이 탑실에
서 그는 종교개혁을 추동하는 핵심 사상을 발견한다.

인간이 무엇인가를 해야 한다는 전제 조건을 달던 '능동적인 의'에 사로잡혀 있던 루터에게 일종의 신학적인 회심을 가져다준 것은 신학자들의 글에서 얻은 통찰이 아니라, 성경 연구를 통해 얻은 새로운 이해이다. 그것은 바로 하나님의 의는 '수동적 의'라는 것이다. 이것은 어떤 의미인가?

루터는 자신의 실존적인 삶을 통해 그가 배운 대로의 '하나님의 의'라는 말에 걸려 넘어졌다. 하나님께서 제시하시는 계약의 조건을 채우는 데 실패했다. 루터가 다른 사람들보다 덜 경건해서, 더 신심이 깊지 못해서, 최선을 다할 수 있는 기초적인 사람됨이 모자라서가 아니다. 루터는 최선을 다하고자 하였다. 이렇게 최선을 다했기에 한계에 직면하게 되었다. 다시 말해, 인간의 능력으로는 하나님께서 제시하시는 구원의 전제 조건을 결코 만족시킬 수 없다는 것을 실존적으로 깨달은 것이다. 그 때문에 복음에 나타난 '하나님의 의'는 더는 복음, 복된 소식이 아니었다. 구원의 절망적인 불가능만을 드러내 주는 저주의 소식이었다. 그래서 루터는 부르짖었다. '내가 어떻게 은혜로우신 하나님을 만날 수 있는가?'

은혜로우신 하나님을 만나고자 하는 갈망에 사로잡혀

있던 루터는 성경 연구를 통해 그 하나님을 만나게 된다.
다른 말로 표현하면, 복음 속에 계시던 은혜로우신 하나님
께서 성경 밖으로 나와 루터를 만나주신 것이다. 은혜로우
신 하나님을 두드리던 루터에게 하나님께서는 그의 머릿
속으로 들어오시고, 그의 마음속으로 들어오시어 그를 새
로운 존재로 태어나게 하셨다. 루터가 할 수 있는 일이라
고는 하나님께서 오시는 것을 그냥 받아들이는 것, 그분이
행하시는 것을 그냥 바라보는 것뿐이었다. 그래서 '하나님
의 의'를 이제는 '능동적인 의'$^{iustitia\ activa}$가 아니라, '수동적인
의'$^{iustitia\ passiva}$로 깨닫게 된 것이다.

　이제 계약을 지키기 위해 최선을 다해 달려온 루터는 무
거운 짐을 내려놓게 된다. 무엇인가를 해야 한다는 강박관
념에 사로잡혀 있던 그는 행위의 족쇄에서 풀려난다. 이 회
심의 사건이 정확히 언제인지는 모르지만 그 변화의 실마
리를 우리는 그의 로마서 강해에서 찾아볼 수 있다.

　　"실로 선한 일을 하는 자는 다음의 것을 생각하
　　지 않고는 아무것도 하지 않는다. '하나님의 은
　　총이 나와 함께 일하시는지 누가 아는가? 나의

선한 의도가 하나님께로 나왔다고 누가 나에게
알려주는가? 나에게 속한 것$^{quod\ feci\ meum}$, 또는 내
안에 있는 것$^{quod\ in\ me\ est}$을 하는 것이 하나님의 마
음에 드는 것이라는 것을 나는 어떻게 알고 있는
가?' 이 사람들은 인간이 자기 힘으로는 아무것
도 할 수 없다는 것을 아는 자들이다. 그러므로
전통적으로 내려오는 다음의 경구는 펠라기우
스의 오류를 가진 매우 어리석은 문장이다. '자
기 안에 있는 것을 최선을 다해서 하는 자에게
하나님께서는 틀림없이 은총을 부어주신다.' '자
기 안에 있는 것을 하라'는 말을 무엇인가를 행
하거나 할 수 있다고 생각하기 때문이다. 이 말
을 신뢰하였기 때문에 전 교회가 거의 파괴되었
다."WA56,502-03

중세를 거치며 견고한 전통으로 자리 잡은 경구가 사람
들을 행위로 치닫게 하였으며, 이로 인해 교회가 그 뿌리
에서 무너지게 되었다는 인식은 루터 자신에게만 해방적인
깨달음이 된 것이 아니다. 행해야 한다는 억압 밑에 신음하

던 교회 전체를 해방시키는 소리가 되었다. 행하는 자는 이
제 인간이 아니라 하나님이다. 계약의 조건으로 제시한 행
함의 규율을 지키는 자도 이제는 인간이 아니라 하나님이
다. 인간은 하나님의 은혜로 믿음을 통해 그것을 단지 수
용할 뿐이다. 칭의의 근거는 하나님의 은혜이다. 우리는 그
것을 믿음을 통해 받을 뿐이다. 이것이 루터가 자신의 다메
섹 길에서 깨달은 해방의 목소리다.

　일명 '종교 개혁적 발견' 또는 '종교 개혁적 인식'이라 불
리는 이 수동적인 하나님의 의란, 이것을 획득하기 위해 인
간이 자기 자신을 의롭게 만들어가야 하는 그런 차원이 아
니다. 하나님의 의란 바로 이 의에 근거하여 하나님께서 인
간을 의롭게 하시고, 인간은 하나님의 이 의롭게 하심을 그
냥 받아들인다는 의미를 지닌다.

　물론 이 의롭게 됨에 있어서 '믿음'이 중요한 역할을 한
다. 인간이 가지고 있는 '믿음으로 말미암아' 하나님께서
인간을 의롭게 하시기 때문이다. 이런 믿음은 인간의 능동
적인 측면을 드러내는 것은 아닐까? 이러한 의문을 차단
하기 위해 루터는 이 믿음을 '하나님의 선물'donum Dei이라고
못을 박는다.

그렇다면 이 믿음이란 무엇인가? 이것은 한 마디로 '복음에 대한 믿음'이라 할 수 있다. '복음에 대한 믿음'이란, 죄 문제를 해결할 수 없는 인간을 위해 하나님께서 그리스도를 대신 십자가에 달려 돌아가시게 하심으로 죄를 용서해주셨다는 복음에 대한 믿음을 의미한다. 이런 의미에서 '수동적인 의'란 하나님께서 그리스도 때문에 인간의 죄를 용서하시고, 죄인을 의롭다고 여기시는 의이다. 이 의가 그리스도에 의해 성취된 것이기에 '그리스도의 의'[iustitia Christi], 또는 인간 외부에 있기에 '낯선 의'[iustitia aliena]라 불리기도 한다.[WA2,491]

참으로 긴 여정이었다. 수도원에 들어가면서부터 줄곧 그를 괴롭혔던 죄와 구원의 문제가 해결되는 이 순간에 이르기까지 우리의 주인공은 지옥의 문턱까지 가야 했었다. 그 절망의 심연에서 벗어나기 위해 죄와 씨름했던 처절한 몸부림은 신학과 교회의 지축을 뒤흔드는 종교 개혁적 발견으로 이어졌다. '하나님의 의'라는 말을 가지고 하나님의 심판을 부각하는 교회와 신학을 고발한다. 얍복강을 건넌 자에게도 계속 얍복강 저편의 법칙으로 인간의 운명을 옥죄려 하는 교회의 전통과 각을 세운다.

4. 담대하게 죄를 지어라

두말할 필요 없이 선동적으로 들리는 자극적인 말이다. 이것은 루터의 삶과 신학을 이해하는 핵심적인 구호로 루터에게서 유래하는 유명한 말이다.

1521년 보름스 심문 이후, 루터는 교회법적으로나, 제국 법적으로나 그 어떤 법률적 보호도 받을 수 없는 존재로 전락하였다. 그를 적대하는 자들에게 노출되면 언제든 살해의 위협을 안고 살아가야 했다. 이것을 누구보다 그의 선제후가 직시하고 있었다. 그래서 비텐베르크로 돌아가던 루터를 납치하여 바르트부르크^{Wartburg} 성에 머물게 하였다. 그는 신분을 속이기 위해 수염을 기르고 융커 외르크^{J.Joerg}라는 가명으로 살았다.

그림 18: 1521년, 혹은 1522년에 크라나흐 1세가 그린 '융커 외르크' 모습의 루터.

당시 루터는 교황과 황제의 군대에 의해 살해되었다는 소문이 나돌았다. 루터의 95개 논제를 읽고 그를 지지하는 자가 된 뉘른베르크의 화가 알브레히트 뒤러도 루터의 운명을 비통해한다. 그리고 일기장에 이런 말을 남긴다: '오, 하나님! 루터가 죽었다면 이제 누가 우리에게 복음을 그렇게 명쾌하게 전할 수 있단 말인가요? 아, 하나님! 그가 (살아 있다면) 10년이나 20년 동안 우리를 위해 무엇인가를 쓰지 않을까요? 오, 모든 경건한 그리스도인들이여! 이 하나님의 사람을 위해 눈물을 흘리며, (그처럼) 계몽된 사람을 보내 달라고 청합시다!'

바르트부르크성은 이후 루터의 개인적인 삶은 말할 것
도 없고, 독일의 종교개혁 및 사상사에 지대한 영향을 미
친다. 무엇보다 이곳에서 루터가 신약성경을 번역하기 때문
이다. 이것은 새로운 신화를 만들어 낸다. 밧모섬에서 하나
님의 계시를 받아 요한계시록을 기록한 요한의 모습을 투
영하여 루터를 '밧모섬의 루터'로, 바르트부르크를 '루터의

그림 19: 괴테가 1807년에 스케치한 그림으로 '수도승과 수녀가 있는 바르트부르
크'Wartburg mit Moench und Nonne라는 제목을 가지고 있다.

밧모섬'으로 부르는 전통이 생겨난 것이다. 누구보다 이 신화를 계속 붙든 사람이 바로 독일의 대문호 괴테다. 바르트부르크성의 상징적인 중요성을 잘 알고 있던 괴테는 이곳을 여러 차례 방문하였을 뿐만 아니라, 이 성에 대한 스케치도 남긴다. 그리고 1777년 9월 28일에 다음과 같은 편지를 쓴다.

"나는 루터의 밧모섬에 머물고 있습니다. 나는 그
가 여기에서 가졌던 것처럼 행복감을 느낍니다."

'밧모섬의 루터', '루터의 밧모섬'이라는 신화가 만들어지는데 첫 징검다리를 놓은 사람은 비텐베르크의 화가 루카스 크라나흐 1세다. 그는 1522년에 바르트부르크에서 비텐베르크로 돌아온 루터의 초상화를 그린다. 목판화로 그린 이 초상화는 '밧모섬에서 비텐베르크로 돌아온 모습을 그린 마르틴 루터'IMAGO MARTINI LVTHERI EO HABITV EXPRESSA, QVO REVERSVS EST EX PATHMO VVITTEBERGAM라는 제목을 가지고 있다. 그리고 그림의 맨 밑에는 3단으로 된 텍스트가 나오는데, 왼쪽부터 '1521년 보름스에서 고백할 때', '1521년 밧모섬에 있을 때', '1522년 밧모섬에서 돌아왔을 때'로 구분된다.

그림 20: 1522년에 크라나흐 1세가 그린 목판화

이 그림을 통해 크라나흐 1세가 무엇보다 말하고자 한 것은 루터가 살아 있다는 것이다. 이것을 루터의 그림 바로 밑에 나오는 라틴어로 된 4행시가 맡는다.

"로마여, 그렇게 자주 너에게 심문을 받고, 공격을 받았지만
나 루터는 여전히 그리스도를 통해 살아 있다.
나는 나를 실망시키지 않는 희망, 곧 예수를 가지고 있으니
내가 그를 붙잡고 있는 동안, 신의가 없는 로마여 안녕"

Quaesitus toties, toties tibi Roma petitus,
En ego per Christum uiuo Lutherus adhuc.
Una mihi spes est, quo non fraudabor, Iesus,
Hunc mihi dum teneam, perfida Roma uale.

루터는 그냥 살아 있는 존재가 아니다. 거대 권력인 교황과의 싸움에서 살아남은 자다. 예수 그리스도를 신뢰하는 자로 교황 교회와 결별을 선언하는 자다.

이런 루터의 모습을 표현하기 위해 크라나흐 1세는 그냥 루터의 모습을 그리지 않는다. 대신 헤라클레이토스를 닮은 영웅으로 그린다. 이것은 그가 고안해낸 것이 아니다.

이미 1519년경에 루터를 '독일인 헤르쿨레스'^{Hercules Germanicus}
라 부르는 그림이 등장하였다. 아욱부르크 출신으로 스위
스 바젤에서 활동하고 있던 한스 홀바인^{H.Holbein} 2세가 그린
것이다. 여기서 루터는 헤라클레이토스의 철퇴를 가지고
교황과 토마스 아퀴나스, 둔스 스코투스, 옥캄 등의 신학
자들과 이들의 학문적 지주이던 아리스토텔레스를 짓누르
는 독일의 영웅으로 묘사된다.

그런데 홀바인의 루터 초상화도 바르트부르크 체류 이
후 약간 달라진다. 1522년에 루터의 신약성경이 자신이 머
물던 바젤에서도 출판될 때, 홀바인은 그 성경에 삽화를
그린다. 이것이 계기가 되어 그의 1524년 루터는 철퇴가 아
니라 성경을 번역할 때 사용하던 펜을 들고나온다. 펜을
든 루터와 칼을 든 교황의 대결을 그린 이 그림은 1536년
에 홀바인이 영국의 헨리 8세의 궁정화가로 있을 때 네 단
으로 된 영어 텍스트와 함께 인쇄된다. 두 번째 단은 루터
에게 할애되는데, 여기서 그는 교황을 적그리스도라 부르
며, 그의 권력을 펜으로 무너뜨릴 것이라 말한다. 그리고
골리앗을 향한 다윗의 말을 떠올리게 하는 말을 한다.

그림 21: 한스 홀바인 2세가 그린 '독일인 헤르쿨레스'

"너는 검과 단창과 창을 가지고 싸우는구나.

그러나 나는 하나님의 말씀으로 싸울 것이다."

Thou fyghtest with swerd, shylde and speare,

But I wyll fyght with Gods worde

루터를 이단자로 규정하고 저주하는 교황은 자신은 성경 위에 있다고 선포한다. 맨 오른쪽의 추기경도 루터를 성경을 너무 많이 읽는 이단자로 간주한다.

이렇듯 신약성경을 독일어로 번역한 루터의 밧모섬은 새로운 교회를 잉태하는 자궁이 되었다. 이 새로운 교회의 독특함은 성경이 수도원의 도서관이나 신학자들의 서재에 갇혀 있는 '바벨론의 유수'에서 해방되어 모든 사람이 다가갈 수 있는 하나님의 책이 된 것에 있다. 그리스도인이 전통이나 강단에서 선포되는 말씀에만 매이지 않고, 스스로 말씀을 읽고 말씀에 귀를 기울일 수 있게 된 것은 교회의 영적 지형을 다시 그리게 하였다. 영적 권위라는 검을 휘두르던 교황과 주교와 사제의 말이 더는 상석에 앉을 수 없었다. 그 자리에는 이제 누구나 이해할 수 있는 성경이 앉게 되었다. 이것은 파문당한 루터가 교황교회를 향해 던

¶ The husbandman.

¶ Doctor Martin Luther.

¶ The Pope.

¶ The cardinall.

그림 22: 한스 홀바인이 1524년에 그린 목판화로 네 명의 사람이 나온다. 왼쪽 부터 농부, 루터, 교황, 추기경이 나온다. 아래의 네 단짜리 영어 텍스트는 1532 년에 영국으로 건너가고 1536년에 헨리 8세의 궁정화가가 된 뒤인 1539년경에 첨부된 것으로 간주한다.

진 가장 강력한 물맷돌이다.

그림 23: '밧모섬의 마르틴 루터 박사'라는 제목을 가지고 있는 이 목판화는 작센의 궁정화가로 드레스덴Dresden에 거주하던 하인리히 괴디히H.Goedig가 1598년에 그린 것이다. 보름스를 뒷배경으로 하여 말씀의 검을 가진 헤라클레이토스 루터가 전면에 나오고, 오른쪽 아랫부분에 그가 번역한 성경이 나온다.

이런 의미를 지닌 루터의 '밧모섬'은 나에게도 매우 인상
적인 곳이다. 성이 있는 곳을 올라가려고 산 아래서 성을
바라볼 때면 '내 주는 강한 성이요'라는 찬송이 저절로 나
왔다. 성경을 번역하던 방은 성경의 바벨론 유수를 끝내기
위해 밤잠을 설치던 루터의 모습을 보여주곤 하였다.

그러나 루터의 '밧모섬'이 나에게 남다른 것은 그가 이
곳에서 남긴 특별한 문자 때문이다. 그것은 1521년 8월 1일
자로 멜랑히톤에게 보내는 편지에 나온다. 죄의 문제에 대
해 소심한 태도를 보이는 멜랑히톤을 향해 루터는 참된 은
총과 날조된 은총을 구분하며 참된 은총은 참된 죄를 지
고 가고, 하나님은 날조된 죄인이 아니라 참된 죄인을 구원
한다고 말한다. 그리고 거듭 인용되는 유명한 말을 한다.

"죄인이 돼라. 그리고 담대하게 죄를 지어라. 그러
나 더 담대하게 그리스도를 믿고 즐거워하라. 죄
와 죽음과 세상의 승리자이신 그분을. 우리가 이
땅에 사는 동안 죄를 짓지 않을 수 없다. 이생의
삶은 의의 거주지가 아니다. 그러나 우리는, 베드
로가 말한 대로, 의가 거주하는 새 하늘과 새 땅
을 고대하고 있다. 하나님의 영광의 풍성함을 통
해 세상 죄를 지고 가는 어린양을 알게 된 것으

로 충분하다. 어떤 죄도 우리를 그에게서 끊어내지 못할 것이다. 우리가 하루에 수천 번, 정말 수천 번이나 간음을 하고 살인을 한다고 할지라도 말이다. 이런 숭고한 어린양이 우리의 죄를 속죄하기 위해 단지 적은 값만 치렀다고 생각해서는 안 된다. 계속 기도하라. 너는 가장 행복한 죄인이기 때문이다."WABr.2,372

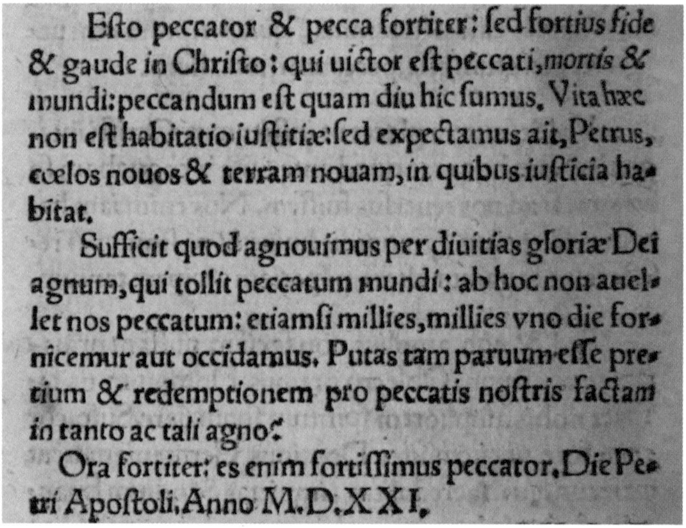

> Esto peccator & pecca fortiter: sed fortius fide & gaude in Christo: qui uictor est peccati, mortis & mundi: peccandum est quam diu hic sumus. Vita haec non est habitatio iustitiae: sed expectamus ait, Petrus, coelos nouos & terram nouam, in quibus iusticia habitat.
>   Sufficit quod agnouimus per diuitias gloriae Dei agnum, qui tollit peccatum mundi: ab hoc non auellet nos peccatum: etiamsi millies, millies vno die fornicemur aut occidamus. Putas tam paruum esse pretium & redemptionem pro peccatis nostris factam in tanto ac tali agno?
>   Ora fortiter: es enim fortissimus peccator. Die Petri Apostoli. Anno M.D.XXI.

그림 24: 멜랑히톤에게 보내는 편지 중 위의 인용문이 나오는 부분이다. 요한 아우리파버J.Aurifaber가 수집하여 1556년 예나에서 출판한 '마르틴 루터의 서간집 제1권'에서 가져왔다.

루터는 예수 그리스도를 통해 나타난 하나님의 은총이 절대 쩨쩨하지 않음을 확신한다. 간음이나, 살인의 죄를 수천 번이나 지을지라도 다 용서할 수 있을 정도로 말이다. 수도원 시절, 조그마한 죄에도 지나치다 싶을 정도로 소심하게 반응하던 모습과는 정반대의 모습이다. 그만큼 그는 이제 하나님의 은총의 문법에 사로잡혀 있었다. 그래서 '담대하게 죄를 지어라'는 역설이 가능한 것이다.

그런데 위 인용문이 보여주듯이, '담대하게 죄를 지어라'는 경구警句는 그가 말하고자 하는 것의 앞부분에 불과하다. 뒷부분에 나오는 문장, 곧 죄를 지을 때보다 '더 담대하게 그리스도를 믿고 즐거워하라'가 함께 말해져야 루터가 무엇을 말하려고 하는지가 온전히 드러난다. 그래서 본서 겉표지의 뒷면에 이 말을 실어 루터의 경구를 완전하게 하였다.

그러나 '담대하게 죄를 지어라'는 말은 오해의 소지가 다분히 있다. 하나님의 은혜를 왜곡한다는 비판을 받을 수도 있다. 값비싼 은혜를 값싼 은혜로 전락시키는 위험한 말로 간주할 수 있다. 그래서일까? '값비싼 은혜'가 '값싼 은혜'로 팔려나가는 교회의 문제점을 날카롭게 비판하는 본회퍼도 이 경구와 씨름한다. 이 경구가 잘못 이해될 수 있는

원인이 어디에 있는지, 이 말을 어떻게 이해해야 루터가 본
래 말하고자 한 바를 잘 드러내는지에 대해 비교적 상세히
밝힌다. 그의 말을 직접 들어보자.

"루터 자신도 은혜를 이처럼 완전히 왜곡할 위험
에 매우 근접하지 않았던가? '담대하게 죄를 지
어라. 그러나 이보다 더 담대하게 그리스도를 믿
고 즐거워하라'고 루터가 말했을 때, 이것은 무
엇을 의미했던가? 이것은 다음과 같은 사실을
의미한다. 그대가 한때는 죄인이었지만, 이 죄로
부터 결코 벗어나지 못할 것이다. 그대가 수도사
이든 세상 사람이든, 그대가 경건하기를 원하든
악하기를 원하든, 그대는 세상 어디로도 도망가
지 못하며, 죄를 짓는다. 그러므로 용감하게 죄
를 지어라. 물론, 이미 일어난 은혜를 바라보면서
죄를 지으라는 말이다.
이 말은 값싼 은혜의 노골적인 선포요, 죄에 대
한 면죄부요, 제자직의 폐기인가? 이 말은 은혜
를 바라보면서 제멋대로 죄를 지으라는 모독적

인 요구인가? 하나님이 선사하신 은혜를 바라보면서 죄를 짓는 것보다 더 악마적으로 은혜를 모독하는 것이 있는가?

여기서 모든 것을 이해하려면, 결과와 전제를 구별하는 것이 중요하다. 만약 루터의 명제를 은혜의 전제로 삼는다면, 이를 통해 값싼 은혜를 불러들인 셈이 된다. 하지만 만약 루터의 명제를 시작으로 이해하지 않고 전적으로 마지막으로, 결과로, 마무리 돌멩이로, 최후의 말로 이해한다면, 그 명제는 올바로 이해될 수 있다. 만약 그것을 전제로 이해한다면, '대담하게 죄를 지어라'는 말은 윤리적 원리가 된다. 실로 '담대하게 죄를 지어라'는 원리는 은혜의 원리와 일치하게 된다. 이것은 죄를 의롭다고 인정하는 셈이다. 그러므로 루터의 명제는 정반대로 왜곡되고 만다. '담대하게 죄를 지어라'는 루터의 명제는 오직 제자의 길을 가면서 죄를 범하지 않을 수 없다는 사실을 아는 사람에게, 죄가 무서워서 하나님의 은혜를 의심하는 사람에게 주어지는 최종적인 정보와

권면임이 분명하다. '담대하게 죄를 지어라'는 루터의 말은 불순종하는 자신의 생활을 근본적으로 인정하는 말이 아니라, 하나님의 은혜의 복음이다.

이 복음 앞에서 우리는 언제나, 그리고 어떤 상태에서나 죄인이다. 이 복음은 죄인인 우리를 찾아오고, 그리고 우리를 의롭다고 인정한다. 용감하게 죄를 고백하라. 도망치려고 하지 마라. 하지만 '이보다 더 대담하게 믿으라.' 그대는 죄인이다. 그대는 지금도 죄인이다. 지금의 그대와 다른 사람이 되려고 하지 마라. 실로 매일 죄인이 되어라. 이 점에서 용감해져라. 하지만 이 말은 바로 날마다 마음으로 죄를 물리치는 사람에게, 예수를 따르지 못하도록 방해하는 모든 것을 날마다 거부하는 사람에게, 자신의 일상적인 불성실과 죄 때문에 괴로워하는 사람에게 주어진 말이 아닌가? 이러한 위로를 통해 다시금 그리스도의 제자로 부름을 받았음을 깨달은 사람 외에 누가 신앙의 위기가 없이 이 말을 들을 수 있겠는가?

이처럼 만약 루터의 명제가 결과로 이해된다면,
그것은 값비싼 은혜가 된다. 오직 값비싼 은혜만
이 은혜다.

은혜를 원리로 이해하는 것, '담대하게 죄를 지어
라'는 명제를 원리로 이해하는 것, 곧 값싼 은혜
는 결국 새로운 율법에 불과하다. 이것은 아무런
도움을 주지 못하며, 해방을 가져오지도 못한다.
은혜를 살아 있는 말씀으로 이해하는 것, '담대
하게 죄를 지어라'는 명제를 시련 속에서 주어진
위로와 제자직으로의 부름으로 이해하는 것, 오
직 실제로 죄를 용서하고 죄인을 해방하는 순수
한 은혜만이 값비싼 은혜다."「나를 따르라」,45-47

 본회퍼가 책상 앞에 앉아 사변적으로 신학을 하는 자가
아니라, 삶으로 신학을 한 자여서 그런 것일까? 그는 루터
의 경구가 가지고 있는 의미를 제대로 파악한 것 같다. '담
대하게 죄를 지어라'는 말은 수도원에서 죄와 치열하게 싸
우던 루터를 떼어내고 입에 담아서는 안 되는 말이다. 동시
에 '오직 은혜로만', '오직 믿음으로만'이라는 종교 개혁적

사상을 발견한 루터를 제외하고 말해도 안 되는 말이다. 전자의 루터를 지나 후자의 루터에게 이르렀을 때야 비로소 그 깊이를 헤아리고 읊조릴 수 있는 말이다. 나는 이 점을 강조하고 싶다.

그런데도 나는 '담대하게 죄를 지어라'는 경구를 제목으로 삼고 겉표지 맨 앞에 위치시킨다. 그것은 죄를 들먹이며 지옥행 형벌을 선포하는 율법적인 주장에 세뇌되어 복음이 가져다주는 환희를 송두리째 빼앗기고, 그리스도인의 삶을 너무 소심하게만 사는 분들을 율법적인 동굴에서 나와도 됨을 환기하기 위함이다. 나는 '신앙의 마당에서 이성을 뛰어놀게 하라'는 제목으로 다음 책을 구상 중이다. 이와 비슷한 말을 지금 여기서도 사용할 수 있다. '은혜의 마당에서 죄를 뛰어놀게 하라!' 우리는 율법의 마당에서 죄와 씨름하는 옛사람이 아니다. 우리는 은혜의 마당에서 죄와 씨름하는 새로운 존재다. 우리는 구원에 걸림돌이 되는 죄와 싸우는 율법의 종이 아니다. 우리는 죄인임에도 구원해주시는 그리스도와 함께 죄와 싸우는 복음의 친구다. 그래서 하나님의 자비의 문법 안에 거하는 우리는 루터와 함께 다음과 같이 말할 수 있다.

"사랑으로 죄를 추적하고, 유쾌하게 회개하는 참
자유롭고[freie], 쾌활하고[fröhliche], 용기 있는[mutige] 그
리스도인이 된다."[WA7,344]

5. 루터의 무대에서 바울과 야고보가 싸우다?

'오직 은혜로만'이나, '오직 믿음으로만'이라는 루터의 경
구는 하나님께서 구원에 필요한 모든 것을 하신다는 것을
표현하는 것이다. 중세의 지축을 뒤흔든 이 말은 그러나
곧바로 인간에게 도덕적인 해이 현상을 불러일으킨다는 비
판을 받는다. 특히나 행함을 강조하는 야고보서를 '지푸라
기 서신'으로 여긴다는 말은 이 논쟁에 불을 지폈다.

루터는 왜 야고보서를 '지푸라기 서신'이라고 평가절하
하였을까? 먼저 야고보서 서문에 나오는 그의 말을 직접
들어보자.

"야고보서가 옛사람들에게는 배척을 받았지만
나는 높게 평가하며, 좋은 서신으로 간주합니다.

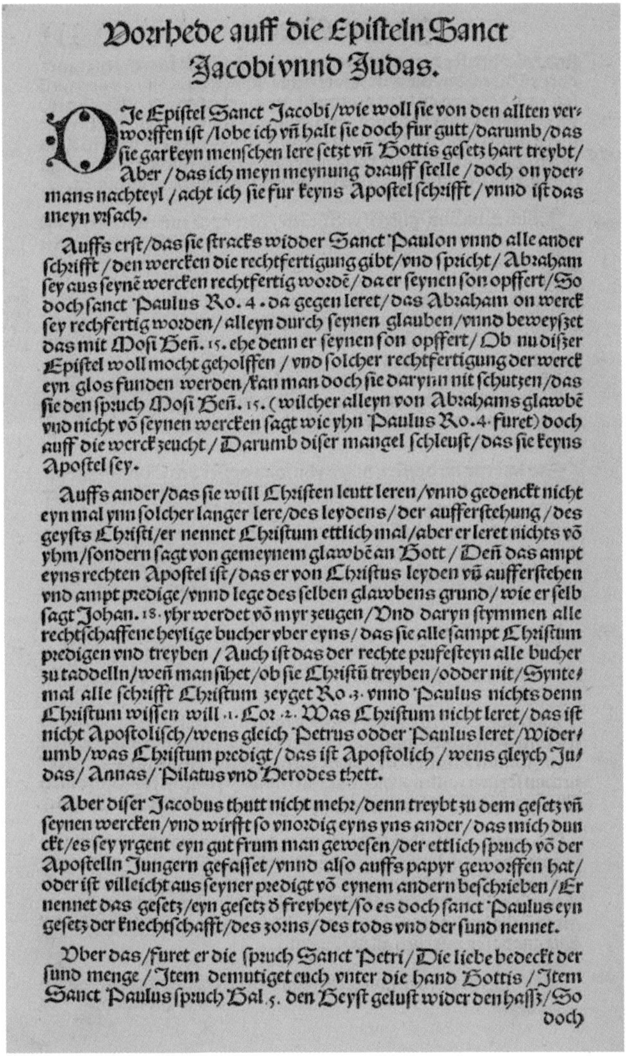

Vorrhede auff die Episteln Sanct Jacobi vnnd Judas.

Je Epistel Sanct Jacobi/wie woll sie von den allten verworffen ist /lobe ich vn halt sie doch fur gutt/darumb/das sie gar keyn menschen lere setzt vn Gottis gesetz hart treybt/ Aber/das ich meyn meynung drauff stelle/doch on ydermans nachteyl /acht ich sie fur keyns Apostel schrifft/vnnd ist das meyn vrsach.

Auffs erst/das sie stracks widder Sanct Paulon vnnd alle ander schrifft /den wercken die rechtfertigung gibt/vnd spricht/ Abraham sey aus seyne wercken rechtfertig worde/da er seynen son opffert/So doch sanct Paulus Ro. 4 · da gegen leret/das Abraham on werck sey rechfertig worden/alleyn durch seynen glauben/vnnd beweyszet das mit Mosi Gen. 15. ehe denn er seynen son opffert/Ob nu disser Epistel woll mocht geholffen / vnd solcher rechtfertigung der werck eyn glos funden werden/kan man doch sie daryhn nit schutzen/das sie den spruch Mosi Gen. 15. (wilcher alleyn von Abrahams glawbe vnd nicht vo seynen wercken sagt wie yhn Paulus Ro.4 furet) doch auff die werck zeucht /Darumb disser mangel schleust/das sie keyns Apostel sey.

Auffs ander/das sie will Christen leutt leren/vnnd gedenckt nicht eyn mal ynn solcher langer lere/des leydens/der aufferstehung /des geysts Christi/er nennet Christum ettlich mal/aber er leret nichts vo yhm/sondern sagt von gemeynem glawbe an Gott/ Den das ampt eyns rechten Apostel ist/das er von Christus leyden vn aufferstehen vnd ampt predige/vnnd lege des selben glawbens grund/wie er selb sagt Johan. 15. yhr werdet vo myr zeugen/Vnd daryn stymmen alle rechtschaffene heylige bucher vber eyns/das sie alle sampt Christum predigen vnd treyben / Auch ist das der rechte prufesteyn alle bucher zu taddelln/wen man sihet/ob sie Christu treyben/odder nit/Syntemal alle schrifft Christum zeyget Ro 3· vnnd Paulus nichts denn Christum wissen will .1. Cor .2. Was Christum nicht leret/das ist nicht Apostolisch/wens gleich Petrus odder Paulus leret/Widerumb/was Christum predigt/das ist Apostolich/wens gleych Judas/Annas/Pilatus vnd Herodes thett.

Aber disser Jacobus thutt nicht mehr/denn treybt zu dem gesetz vn seynen wercken/vnd wirfft so vnordig eyns vns ander/das mich dunckt/es sey yrgent eyn gut frum man gewesen/der ettlich spruch vo der Aposteln Jungern gefasset/vnnd also auffs papyr geworffen hat/ oder ist villeicht aus seyner predigt vo eynem andern beschrieben/Er nennet das gesetz/eyn gesetz d freyheyt/so es doch sanct Paulus eyn gesetz der knechtschafft/des zorns/des tods vnd der sund nennet.

Vber das/furet er die spruch Sanct Petri/Die liebe bedeckt der sund menge/Item demutiget euch vnter die hand Gottis/Item Sanct Paulus spruch Gal.5. den Geyst gelust wider den hasz/So doch)

그림 25: 1522년에 출판된 루터의 신약성경에 나오는 야고보서 서문 전문이다. 다음 장에 나오는 마지막 부분까지 포함한다.

doch Sanct Jacobus zeytlich von Herodes zu Jerusalem / fur S.
Peter tödtet war / das woll scheynet / wie er längst noch S. Peter
vnd Paul gewesen sey.

Summa / Er hatt wollen denen weren / die auff den glawben / on
werck sich verliessen / vñ ist der sach mit geyst / verstand / vñ wortten zu
schwach gewesen / vnd zureysset die schrifft / vnd widerstehet damit
Paulo vnd aller schrifft / wils mit gesetz treybë auszrichten / das die
Apostel mit reytzen zur lieb auszrichten. Darumb will ich yhn nicht
haben ynn meyner Bibel ynn der zal der rechten hewbtbücher / will
aber damit niemant weren / das er yhn setz vnd hebe / wie es yhn ge-
lustet / denn es viel guter spruch sonst dryñnen sind / Eyn man ist keyn
man ynn welltlichen sachen / wie solt den disser eyntzeler / nur alleyn /
widder Paulum vnd alle andere schrifft gellten?

바로 인간의 가르침을 전혀 기록하지 않고, 하나님의 법을 단호하게 추구하기 때문입니다. 그러나 다른 사람에게 피해를 주지 않고 내 입장을 피력하자면, 나는 이 서신을 사도의 서신으로 여기지 않습니다. 다음과 같은 이유로 그렇습니다.

첫 번째는, 이 서신이 바울과 모든 다른 성경에 대항하여 칭의를 행위에 의한 것으로 돌리기 때문입니다. 아브라함이 아들을 희생 제물로 바쳤다는 행위로 의롭게 되었다고 말하는데, 이에 반대해 사도 바울은 아브라함이 행위 없이 오직 믿음으로만 의롭게 되었다고 가르칩니다. …

두 번째는, 이 서신이 기독교인들을 가르치고자 하지만, 그리스도의 수난과 부활과 영에 대해서는 한마디도 하지 않기 때문입니다. … 야고보는

율법과 율법의 행위로만 몰고 갑니다. … 그는 율
법을 자유의 법이라 부르는데, 바울은 율법을 종
의 법, 진노와 죽음과 죄의 법이라 부릅니다. …
요약하여 말하자면, 이 서신은 행함이 없는 믿
음만을 붙잡고자 하는 자들을 대항하고자 하지
만, 이를 위해 필요한 정신과 사고와 표현력이 약
합니다. 이것은 성경을 갈기갈기 찢고, 바울과 모
든 성경에 저항하며, 율법을 가지고 행함을 부추
기고자 합니다. 그러므로 나는 그것을 내 성경
안에서 중요한 성경의 자리에 두지 않을 것입니
다. 그렇다고 하여 나는 누군가가 이 서신을 세우
고 높이 평가하는 것을 막지 않을 것입니다. 그
안에는 많은 좋은 구절들이 있기 때문입니다."

WADB7,385-86

계약 칭의론이라는 중세 후기의 거대한 성을 간신히 빠
져나온 루터에게 야고보서는 넘어야 하는 큰 산이었다. 칭
의에 있어서 인간이 능동적인 것이 아니라, 하나님이 능동
적이요 인간은 수동적이라는 자신의 신학적인 깨달음이 야

고보서를 따르면 허물어진다고 생각하였기 때문이다. '오
직 은혜로만'과 '오직 믿음으로만'이라는 자신의 경구가 설
자리를 잃기 때문이다. 그래서 바울에 대항하는 야고보서
를 성경의 변방에 세운다.

  야고보서에 대한 이러한 입장 때문에 루터가 믿음만 강
조하고 행위는 무시하였다는 비판이 완전히 잘못된 것은
아니다. 그러나 정말 루터가 행위가 없는 믿음을 이야기했
을까? 루터의 글을 전체적으로 살펴보면, 칭의에 있어서
행위에 대한 그의 관심은 행위의 자리를 바르게 자리매김
하는데 있었음을 알 수 있다. 즉, 선행은 칭의의 원인이 아
니라, 결과라는 것이다. 그가 자란 신학적인 토양에서는 선
행을 하는 것은 의롭게 되는데 꼭 필요한 조건이었다. 그러
나 루터에게 있어서 선행은 하나님의 은혜로 값없이 의롭
다 함을 받는 자에게 자연스럽게 따라오는 결실이다. 사실
루터에게 있어서 믿음과 행위는 분리되지 않는다. 이 둘의
관계를 세밀하게 규정하려는데 관심을 가진 자들에 의해
이 둘이 떨어졌지만, 루터에게는 동전의 양면과 같이 떨어
질 수 없는 것이었다. 이것을 우리는 1522년에 쓴 그의 로
마서 서문에서 읽을 수 있다.

"믿음은 어떤 사람들이 여기는 바와 같이 인간적
인 망상이나 환상이 아니다. 믿음에 대해 많이
말하는 것을 듣지만, 삶의 개선이나 선한 행위가
뒤따르지 않는 것을 보면, 그들은 오류에 빠져
'경건하고 복된 자가 되기 위해서는 믿음으로 충
분하지 않고, 행위들을 해야 한다'고 말한다. 이
로 인해 그들은 복음을 들을 때, 넘어지고, '나
는 믿는다'는 생각을 자신의 능력으로 마음속에
만들어 낸다. 이것을 그들은 바른 믿음이라고 여
긴다. 그러나 그것은 인간적으로 만들어 낸 허구
요 생각이며, 마음의 심연을 결코 경험하지 못하
고, 그래서 아무것도 행하지 않으며, 그 결과 어
떤 삶의 개선도 뒤따르지 않는다.

믿음이란 우리 안에서 일어나는 신적인 활동이
다. 그것은 우리를 변화시키고, 하나님으로부터
새롭게 태어나게 하고, 옛 아담을 죽이고, 우리의
마음과 생각과 정신과 모든 능력에 있어서 완전
히 다른 인간을 만들며, 성령을 가져온다. 오, 믿
음은 살아 있고, 활력이 있고, 열심히 행하고, 강
력한 것이어서 끊임없이 선한 것을 행하지 않는

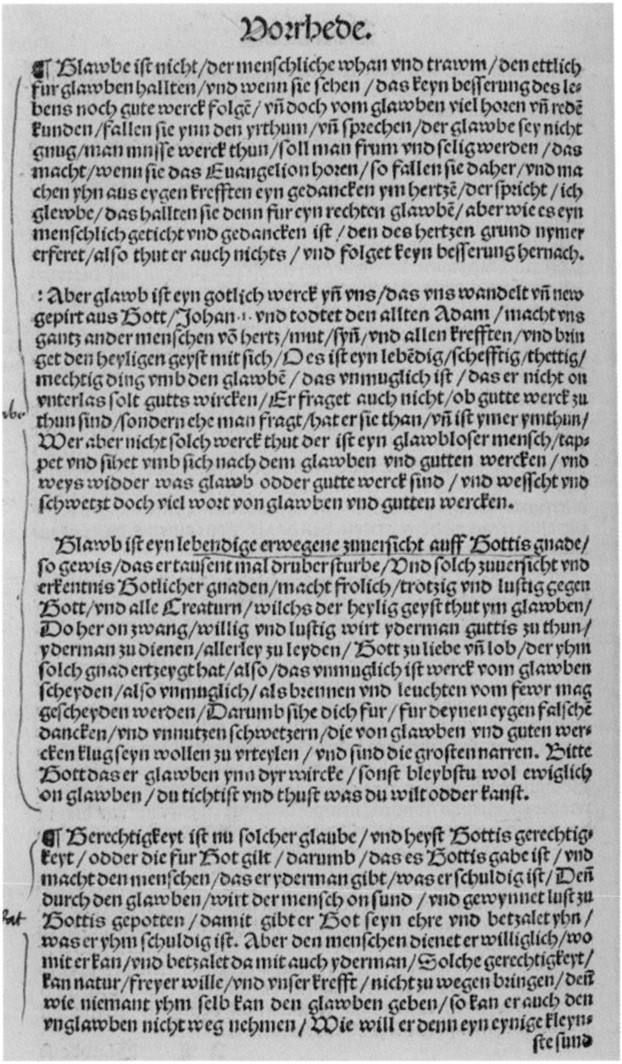

Vorrhede.

¶ Glawbe ist nicht/der menschliche whan vnd trawm/den ettlich
für glawben hallten/vnd wenn sie sehen/das keyn besserung des le-
bens noch gute werck folge/vn̄ doch vom glawben viel hören vn̄ rede
kunden/fallen sie ynn den yrthum/vn̄ sprechen/der glawbe sey nicht
gnug/man musse werck thun/soll man frum vnd selig werden/das
macht/wenn sie das Euangelion hören/so fallen sie daher/vnd ma-
chen yhn aus eygen kreff ten eyn gedancken ym hertze/der spricht/ich
glewbe/das hallten sie denn für eyn rechten glawbe/aber wie es eyn
menschlich geticht vnd gedancken ist/den des hertzen grund nymer
erferet/also thut er auch nichts/vnd folget keyn besserung hernach.

: Aber glawb ist eyn gotlich werck yn̄ vns/das vns wandelt vn̄ new
gepirt aus Gott/Johan. 1. vnd todtet den allten Adam/macht vns
gantz ander menschen vö hertz/mut/syn̄/vnd allen kreff ten/vnd brin-
get den heyligen geyst mit sich/O es ist eyn lebedig/scheff tig/thettig/
mechtig ding vmb den glawbe/das vnmuglich ist/das er nicht on
vnterlas solt gutts wircken/Er fraget auch nicht/ob gutte werck zu
thun sind/sondern ehe man fragt/hat er sie than/vn̄ ist ymer ym thun/
Wer aber nicht solch werck thut der ist eyn glawblofer mensch/tap-
pet vnd sihet vmb sich nach dem glawben vnd gutten wercken/vnd
weys widder was glawb odder gutte werck sind/vnd wesschet vnd
schwetzt doch viel wort von glawben vnd gutten wercken.

Glawb ist eyn lebendige erwegene zuuersicht auff Gottis gnade/
so gewis/das er tausent mal druber sturbe/Vnd solch zuuersicht vnd
erkentnis Gotlicher gnaden/macht frolich/trotzig vnd lustig gegen
Gott/vnd alle Creaturn/wilchs der heylig geyst thut ym glawben/
Do her on zwang/willig vnd lustig wirt yderman guttis zu thun/
yderman zu dienen/allerley zu leyden/Gott zu liebe vn̄ lob/der yhm
solch gnad erzeygt hat/also/das vnmuglich ist werck vom glawben
scheyden/also vnmuglich/als brennen vnd leuchten vom fewr mag
gescheyden werden/Darumb sihe dich für/für deynen eygen falsche
dancken/vnd vnnutzen schwetzern/die von glawben vnd guten wer-
cken klug seyn wollen zu vrteylen/vnd sind die grosten narren. Bitte
Gott das er glawben ynn dyr wircke/sonst bleybstu wol ewiglich
on glawben/du tichtist vnd thust was du wilt odder kanst.

¶ Gerechtigkeyt ist nu solcher glaube/vnd heyst Gottis gerechtig-
keyt/odder die für Got gilt/darumb/das es Gottis gabe ist/vnd
macht den menschen/das er yderman gibt/was er schuldig ist/Den̄
durch den glawben/wirt der mensch on sund/vnd gewynnet lust zu
Gottis gepotten/damit gibt er Got seyn ehre vnd betzalet yhn/
was er yhm schuldig ist. Aber den menschen dienet er williglich/wo
mit er kan/vnd betzalet da mit auch yderman/Solche gerechtigkeyt/
kan natur/freyer wille/vnd vnser kreff t/nicht zu wegen bringen/den̄
wie niemant yhm selb kan den glawben geben/so kan er auch den
vnglawben nicht weg nehmen/Wie will er denn eyn eynige kleyn-
ste sund

그림 26: 1522년 루터의 신약성경 초판 원문에서 로마서 서문 중 믿음에
대한 정의가 나오는 부분

다고 하는 것은 불가능하다. 믿음은 선한 행위가
행해져야 하는지를 묻지 않는다. 묻기 전에 그것
을 행했고, 계속해서 행함 중에 있다. 이런 행위
를 하지 않는 자는 믿음이 없는 사람이다. 자신
의 주위에서 믿음과 선한 행위에 대해 손으로 더
듬고 바라만 볼 뿐, 믿음이 무엇인지도, 선한 행
위가 무엇인지도 모르는 자다. 믿음과 선한 행위
에 대해 많은 말로 수다를 떨고 지껄인다고 할지
라도 말이다.

믿음은 하나님의 은총에 대해 살아 있는, 대담한
신뢰이다. 천 번이나 죽을 정도로 확실한 신뢰이
다. 신적인 은총에 대한 이런 신뢰와 인식은 기
쁘게 하고, 용기 있게 만들고, 하나님과 모든 피
조물을 매우 즐겁게 대하게 한다. 이러한 것을
성령이 믿음 안에서 행한다. 그러므로 인간은 강
제당하지 않고 자발적으로 그리고 큰 기쁨으로
모든 이에게 선한 것을 행하고, 모두를 섬기고,
온갖 종류의 곤경을 겪는다. 그러한 은혜를 보여
준 하나님을 사랑하고 찬양하기 위해 말이다. 그

러므로 행위와 믿음을 분리하는 것은 불에서 열과 빛을 분리할 수 없는 것처럼 불가능하다. 그러므로 너는 네 자신의 생각을 조심하고, 믿음과 선한 행위에 대해 판결할 정도로 똑똑하기를 원하지만 가장 어리석은 자들인 무익한 수다쟁이들을 조심하라. 하나님께서 네 안에 믿음을 일으키시기를 청하라. 그렇지 않으면, 네가 원하거나 할 수 있는 것을 한다고 할지라도 너는 영원히 믿음이 없이 머물 것이다."WADB7, 9-11

루터가 말하는 믿음은 이미 행했고, 행함 가운데 있는 믿음이다. 그는 믿음과 행위를 분리하지 않는다. 다른 성경도 아니고 로마서 서문에 야고보서를 지지하는 것처럼 보이는 행함이 있는 믿음에 대해서 말하고 있지 않은가? 실제로 루터는 로마서 서문과 야고보서 서문을 쓴 같은 해인 1522년의 한 편지에서 야고보가 행위가 없는 믿음을 문제 삼고자 했던 것이 옳은 것이었다고 언급한다. 또한 1542년의 『하인리히 슈메덴슈테데의 학위 논제』에서 야고보가 행위에 관해 이야기한 것은 "칭의의 결과"에 대한 것이지

"칭의의 원인"에 관한 것이 아니라고 주장한다.[WA39II,199] 이로 미루어 볼 때, 루터에게서 바울과 야고보가 손을 잡을 수 있는 여지가 다분히 있음을 알게 된다.

그런데 이상한 것이 있다. 많은 사람이 당연히 그렇다고 알고 있고 말하고 있는 '지푸라기 서신'이라는 말이 루터의 말로 나오지 않는 것이다. 루터가 살아 있을 때 마지막으로 출판된 1545년의 성경에도, 1539년의 신약성경에도, 구약이 완역되어 신구약이 함께 인쇄된 1534년의 성경에도 나오지 않는다. 1522년의 첫 번째 번역본인 '9월 성경'Septemberbibel과 1530년의 개정 신약성경 서문에만 나온다. 서문 자체가 아니라, 서문 마지막에 덧붙이는 형태로 말이다. '신약성경에서 어떤 성경이 옳고 가장 값진 것인가'라는 제목으로 나오는데, 루터는 요한복음과 바울서신과 베드로전서를 핵심을 담고 있는 가장 좋은 책이라고 간주한다. 그리고 가장 마지막 결론 부분에서 이렇게 말한다.

"요약하면, 성 요한의 복음서와 그의 첫 번째 서신, 성 바울의 서신들, 특히 로마서와 갈라디아서와 에베소서, 그리고 성 베드로의 첫 번째 서신

Welches die rechten vnd
Edlesten bücher des newen Testaments sind.

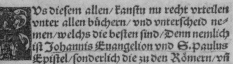

Vs diesem allen/kanstu nu recht vrteilen vnter allen büchern/vnd vnterscheid nemen/welchs die besten sind/Denn nemlich ist Johannis Euangelion vnd S.paulus Epistel/sonderlich die zu den Römern/vñ Sanct Petrus erste Epistel/der rechte kern vnd marck vnter allen büchern/welche auch billich die ersten sein solten/Vnd einem iglichen Christen zu raten were/das er die selbigen am ersten vnd aller meisten lese/vnd jm durch teglich lesen so gemeine machete/als das tegliche brod/Denn jnn diesen findestu nicht viel werck vnd wunderthaten Christi beschrieben/Du findest aber gar meisterlich ausgestrichen/wie der glaube an Christum sunde/tod vnd helle vberwindet/vnd das leben/gerechtigkeit vnd seligkeit gibt/welches die rechte art ist des Euangeli/wie du gehöret hast.

Denn wo ich je der eines mangeln solte/der werck odder prediget Christi / so wolte ich lieber der werck denn seiner prediget mangeln/Denn die werck hülffen mir nichts/aber seine wort die geben das leben/wie er selbs saget. Weil nu Johannes gar wenig werck von Christo/aber gar viel seiner prediget schreibet/widerumb die andern drey Euangelisten viel seiner werck/wenig seiner wort beschreiben / ist Johannes Euangelion das einige/zarte/rechte heubt Euangelion/vnd den andern dreien weit weit fur zu zihen vnd höher zu heben/Also auch S. paulus vnd petrus Epistel/weit vber die drey Euangelia/Matthei/Marci vnd Luce furgehen.

Summa/S. Johannis Euangelion/vnd seine erste Epistel/Sanct paulus Epistel/sonderlich die zu den Römern / Galatern / Ephesern/vnd S. peters erste Episteln/das sind die bücher/die dir Christum zeigen/vnd alles leren/das dir zu wissen not vnd selig ist/ob du schon kein ander buch noch lere nimer sehest vnd hörest.Darumb ist S. Jacobs Epistel eine rechte ströern Epistel gegen sie/denn sie doch keine Euangelische art an jr hat/Doch dauon weiter jr andern vorreden.

그림 27: 1530년에 출판된 신약성경 개정판에 나오는 서문의 부록

이 너에게 그리스도를 가리켜 주고, 네가 알아야
하고 구원을 얻는데 필요한 모든 것을 가르쳐주
는 책들이다. 혹 네가 다른 성경 책이나, 가르침
을 결코 보지도 듣지도 못한다고 하더라도 말이
다. 그러므로 성 야고보의 서신은 그것들에 대항
하는 정말이지 지푸라기 서신eine recht stroherne Epistel
에 불과하다. 왜냐하면 그것은 복음적인 특성 자
체를 가지고 있지 않기 때문이다."WADB7,10

야고보서를 '지푸라기 서신'으로 간주한 것은 사실이다
그러나 이것은 1530년까지만 분명하다. 그 이후 서문 부록
이 완전히 사라지기에 루터의 입장이 완화되었음을 추론
할 수 있다. 이러한 정황을 무시한 채 루터가 야고보서를
폄하했다고만 되뇌는 것은 학적인 성실성의 부족에서 오는
것일 수 있다.

키르케고르가 언급했듯이, 루터는 믿음으로만 구원을
받는다고 말했을 때 이미 삶으로 그 믿음을 살았던 사람
이다. 계약 칭의론의 굴레 속에 있을 때나, 그곳에서 해방
되었을 때나 그의 삶에 바뀐 것은 없다. 믿음을 삶으로 살

아내는 것은 한결같은 것이었다. 그의 종교 개혁적 발견에
도 불구하고, 믿음과 행위는 같이 가는 것이었다. 한쪽을
떼어내고 다른 쪽이 설 수 없었다.

그러나 키르케고르가 지적하였듯이, 사람은 영리한 머리
로 편한 쪽을 택하는 경향이 있다. 믿음만을 강조하며 행
위를 뒷전으로 내모는 경향이 다분히 강하다. 바울을 높이
며, 야고보서를 지푸라기 서신으로 치부하는 루터의 이름
을 들먹거리며 말이다. 이런 후대의 역사에 대해 믿음과 행
함이 같이 가는 루터의 면목을 부각한 이들은 없을까?

6. 왜곡된 루터를 구출하다: 칭의와 성화의 관계

본회퍼가 지적한 대로, 칭의에 대한 루터의 이해는 다른
동료들이나, 제자들에 의해 왜곡된 길을 걷기 시작한다. 이
것은 삶이 신학인 자와 책상에 앉아 사변적으로 생각하는
신학자들 사이의 차이에서 오는 근원적인 문제일 수도 있
다. 칭의의 신비를 삶으로 살아낸 루터에게는 칭의와 성화
를 나누는 것 자체가 어불성설이었다. 그러나 이것이 각각

무엇을 말하는지 설명해야 하는 그의 동료들이나, 제자들
은 원래 하나이던 것을 둘로 나눌 수밖에 없었다. 더구나
칭의와 함께 은혜와 믿음을 강조하는 것을 루터의 종교 개
혁적인 유산이라 간주하는 이들이 신학교의 강단과 교회
의 설교단을 장악하면서 원래의 루터 자리는 변방으로 밀
려난다. 루터를 신학자 중에 가장 중요한 근거요, 기둥으로
의지하고 인용하면서도 루터를 외면하는 현상이 일어난 것
이다. 칭의를 수성한다는 명목으로 거룩을 희생시키면서
말이다.

이러한 '루터 대 루터' 노선에 반대하던 이들이 있었다.
17세기에 교회의 개혁을 들고나온 소위 경건주의자들이다.
우리나라에 다분히 왜곡된 모습으로 소개된 독일의 경건
주의는 실은 매우 개혁적이고 진취적이었다. 이들의 교회진
단은 오늘날 한국 교회에 대한 진단과 거의 토씨까지 일치
할 정도이며, 개혁을 위해 그들이 시도했던 것들은 아직도
독일교회와 신학에 진한 흔적을 남기고 있을 정도로 그 반
향이 만만치 않았다.

이들이 가장 문제로 삼은 것은 성경이 신자의 삶에서
사라졌다는 것이다. 그리고 그다음 문제로 삼은 것이 바

로 신앙과 삶의 괴리이다. 그들은 믿음을 강조하기 위해 행함을 내던지고, 칭의 교리를 수호하기 위해 성화를 소홀히 한 것이 비성경적이며, 비루터적이라고 진단한다. 그리고 행함이 있는 믿음, 성화가 있는 칭의가 루터를 바르게 이해하는 것이라고 주장한다. 루터의 후계자들이 루터와 루터를 두고 싸우는 일이 벌어진 것이다. 그런데 믿음과 행위, 칭의와 성화의 관계에 있어서 루터가 전자의 손을 들어주었다고 주장하는 이들에 대항하여 경건주의자들이 붙잡은 대표적인 루터가 바로 그의 로마서 서문에 나오는 믿음에 대한 정의이다. 예를 들어, 사회적 지평의 교회개혁에 힘을 쏟은 필립 야콥 슈페너[Ph.J.Spener]는 그의 '경건의 소원'[Pia Desideria]에서 루터가 말한 칭의론에서 손가락 하나 너비 정도 벗어난 결과, 삶이 동반되지 않는 껍데기 신앙이 교회를 잠식하고 있다고 진단한다. 그리고 이것이 루터를 왜곡하고 있음을 증명하기 위해 루터의 로마서 서문에 나오는 믿음에 대한 정의를 그대로 인용한다.

우리가 또한 눈여겨보아야 하는 것은 감리교의 창시자로 간주하는 존 웨슬리[J.Wesley]도 1738년에 바로 루터의 로마서 서문에 나오는 믿음에 대한 정의를 듣고 새로운 출발을

하였다는 것이다. 그는 그해 5월 24일 자 일기에 다음과 같
이 기록하고 있다.

"저녁에는 별로 마음이 내키지 않는 걸음으로 올
더스게이트 가에 있는 한 모임에 참석하였는데
거기서 한 사람이 루터의 로마서 서문을 읽고 있
었다. 9시 15분경에 그가 그리스도를 믿는 마음
을 통하여 하나님께서 마음에 변화를 일으키신
다고 설명하고 있었다. 그런데 내 마음이 이상하
게 뜨거워짐을 느꼈다. 나는 구원을 받기 위하여
그리스도를, 오로지 그리스도만을 믿는다고 느
꼈다. 그뿐만 아니라 주께서 내 모든 죄를 씻기시
고, 죄와 사망의 법에서 나를 구원하셨다는 확신
이 들었다." 『존 웨슬리의 일기』,70

장로교회보다 성화를 더 강조한다는 감리교의 근저에도
'믿음은 행했고 행함 가운데 있다'는 루터의 말이 있다는
것은 우리가 새겨들어야 할 것 같다. 놀라운 것은 행함이
없는 믿음의 문제점을 날카롭게 지적하는 키르케고르에게

도, 값비싼 은혜를 값싼 은혜로 전락시켰다고 시대를 진단
하는 본회퍼에게도 루터의 행함이 있는 믿음은 신학적인
준거점이 된다는 것이다. 루터에게 있어서 행함이 없는 믿
음, 성화가 없는 칭의는 있을 수 없는 것이다.

그렇다. 값비싼 은혜를 값싸게 파는 이들의 말장난에 놀
아나다 교회는 행함이 없는 믿음과 성화가 없는 칭의를 하
나님의 은혜로 받아들이는 오류를 범하고 있다. 삶이 없는
은혜가 값싼 가격에 팔려나가고 있다. 왜곡된 루터가 매년
돌아오는 종교개혁 주일에 이리 팔리고 저리 팔리고 있다.
그 때문에 70년 전에 본회퍼가 자신의 논문 '값비싼 은혜'
에서 루터와 관련하여 언급한 부분을 다시 한번 읽어 보자.

"루터가 순수한 은혜의 복음을 발견함으로써 세
상 안에서 예수의 계명에 순종할 필요가 없다
고 주장했다는 것은 비극적인 오해이다. … 루터
가 수도원을 뛰쳐나왔던 것은 죄를 의롭다고 인
정하기 위해서가 아니라, 죄인을 의롭다고 인정
하기 위해서였다. 루터에게 값비싼 은혜가 선물
로 주어졌던 것이다. 그것이 은혜인 까닭은 그것

이 마른 땅 위의 물이 되었고, 불안에 대한 위로
가 되었고, 스스로 택한 노예 생활을 벗어나게
하며, 모든 죄를 용서하기 때문이다. 그 은혜가
값비싼 까닭은 그것이 행위에서 벗어났기 때문
이 아니라, 제자직으로의 부름을 무한히 강조하
기 때문이다. 바로 이 점에서 은혜는 값비싼 것이
었다. 바로 이 점에서 제자의 길은 은혜였다. 이
것이 종교개혁자들이 발견한 복음의 비밀이었으
며, 죄인을 의롭게 하는 비밀이었다.

그렇지만 종교개혁의 역사에서 승리를 거둔 것
은 순수하고 값비싼 은혜에 대한 루터의 깨달음
이 아니라, 은혜를 가장 값싸게 얻을 수 있는 곳
을 알아차리는 사람들의 종교적 본능이었다. 이
렇게 되기까지는 매우 미약하고 거의 알아차리
기 어려운 강조점의 이동만이 필요하였다. 그리
하여 가장 위험하고 가장 저주스러운 결과가 초
래되기에 이르렀다. 루터가 깨달았던 것은 인간
이 아무리 경건한 길을 가고 선한 일을 하더라도
하나님 앞에 설 수 없다는 사실이다. 왜냐하면

인간은 근본적으로 언제나 자신만을 추구하기 때문이다. 루터는 이러한 곤궁 속에서 신앙을 통해 값없이, 아무 조건 없이 모든 죄를 용서하는 사죄의 은혜를 붙잡았다. 이러한 은혜를 붙잡기 위해 루터는 날마다 자신의 생명을 걸었다. 왜냐하면 그는 참으로 은혜를 통해 제자가 되는 것을 면제받았던 것이 아니라, 이제야 비로소 제자가 되도록 부름을 받았기 때문이다.

은혜를 말할 때마다 루터는 은혜를 통해 비로소 그리스도에게 완전히 순종할 수 있었던 자신의 삶을 생각하였다. 그는 은혜에 관해 이렇게밖에는 달리 말할 수 없었다. 오직 은혜만이 그렇게 한다고 루터는 말하였다. 그의 제자들도 이 사실을 문자 그대로 반복해서 말하였다. 다만 하나의 차이점이 있다면, 루터 자신이 자명하게 함께 생각했던 것, 곧 제자의 길을 제자들은 곧바로 무시해 버렸고, 이를 함께 생각하지 못하였다는 사실이다. 실제로 루터는 이를 더는 말할 필요가 없었다. 왜냐하면 그는 언제나 은혜를 통해 예수

의 제자가 되는 힘든 길을 걸었던 한 사람으로서
말했기 때문이다. 따라서 그의 제자들의 가르침
은 분명히 루터의 가르침에서 나온 것이었지만,
이 땅에서 하나님의 값비싼 은혜를 드러낸 종교
개혁을 끝장내고 제거해 버렸다. 세상에서 죄인
을 의롭다고 인정하는 복음이 죄와 세상을 의롭
다고 인정하는 복음으로 변질하였다. 값비싼 은
혜가 뒤따름이 없는 값싼 은혜로 변질하였다. …
우리는 까마귀처럼 값싼 은혜라는 시체의 주변
에 모여들었고, 거기서 우리는 예수의 제자직을
말살하는 독을 빨아들였다. 순수한 은혜에 대한
가르침은 실로 지나칠 정도로 숭배를 받기에 이
르렀으며, 은혜에 대한 순수한 가르침은 은혜 자
체가 되고 말았다. 어디에서나 루터의 말들이 인
용되었지만, 진리는 자기기만으로 왜곡되고 있다.
만약 우리 교회가 칭의의 교리를 가지고 있다면,
이로써 교회도 분명히 의롭다고 인정을 받았다
는 것이다! 사람들은 그렇게 말한다. 따라서 루
터의 유산은 사람들이 은혜를 가급적 값싸게 만

들었다는 사실 안에서 인식될 수 있다는 것이다.
바로 이것이야말로 루터답다는 것이다.

그리하여 사람들은 은혜를 위한다는 명목으로
예수의 제자직을 율법주의자들, 개혁 교인들 혹
은 광신자들에게 넘겨주고 말았다. 사람들은 세
상을 의롭다고 인정하였으며, 제자직을 실천하는
그리스도인을 이단으로 만들고 말았다. … 하지
만 그 대가로 제자직을 희생시키고 말았다. 너무
값싼 가격으로 말이다. 값싼 은혜가 결국 승리하
고 만 것이다."「나를 따르라」,41-47

V. 신자의 실존: 도상^{途上}적 존재

1. 나는 걷는다

나는 걷는 것을 좋아한다. 어린 시절, 동강과 서강으로
멱을 감으러 가기 위해 가로질러 가던 들녘 길을 참 좋아
했다. 다래와 머루를 따기 위해 깊은 산을 헤집고 다니는
것도 좋아했다.

고등학교를 졸업한 뒤 나의 길 걷기는 한 단계 도약하였
다. 춘천에서 영월로, 서울에서 춘천으로, 서울에서 영월로
긴 거리를 걷기 시작하였기 때문이다. 신학교 시절에는 서
울에서 남양만으로 걷기도 하였다.

이렇게 길을 나설 때면 항상 발로 외우며, 그 의미를 되
새기던 시가 있었다. 윤동주의 '길'이라는 시이다.

잃어버렸습니다.
무얼 어디다 잃었는지 몰라
두 손이 주머니를 더듬어
길에 나아갑니다.
돌과 돌과 돌이 끝없이 연달아
길은 돌담을 끼고 돕니다.

담은 쇠문을 굳게 닫아
길 위에 긴 그림자를 드리우고
길은 아침에서 저녁으로
저녁에서 아침으로 통했습니다.
돌담을 더듬어 눈물짓다
쳐다보면 하늘은 부끄럽게 푸릅니다.
풀 한포기 없는 이 길을 걷는 것은
담 저쪽에 내가 남아 있는 까닭이고,
내가 사는 것은, 다만,
잃은 것을 찾는 까닭입니다.

그렇다. 무언가 잃어버렸다는 생각이 들 때면 나는 길을
걸었다. 낭만적인 것 같은 이 걷기는 결코 쉬운 여정이 아
니었다. 그러나 '담 저 쪽에 남아 있는 나'를 찾아 떠나는
발길은 늘 경탄으로 마침표를 찍었다. 길이 '아침에서 저녁
으로, 저녁에서 아침으로' 통하는 것처럼, 그렇게 출발점과
도착점이 유기적으로 연결되어 있음을 느끼기 때문이다.
또한 내가 길을 가는 것이 아니라, 길이 나를 가는 신비에
사로잡히기 때문이다.

바로 이 신비를 나는 모새골교회를 그만 두기로 하고
2017년 5월 말에 양평 모새골에서 여수 애양원까지 걸어
갈 때 경험하였다. 그것을 나는 6월 5일자 묵상에서 '길이
나에게로 오다'라는 말로 표현하였다.

저 멀리 내가 가야할 길이
아득하게 보인다.
한 발 한 발 내딛다 보면
내가 길을 간 것이 아니라
길이 나에게로 온 것처럼 보인다.
<생략>

6월 6일에 순천에서 여수 애양원으로 향하는 마지막 도
상은 내가 길을 걷는 것이 아니라, 길이 나를 걷는 신비에
눈을 뜨게 해주었다. 이것을 '길이 나를 가기 위해 나는'이
라는 제목으로 다음과 같이 적었다.

먼 길,
끝까지 갈 수 있을까

자신할 수 없는 길이었다.

처음엔 체력을 걱정하였다.

그러나 그것보다 물집과 근육통이

더 큰 장애가 되었다.

그런데 돌이켜 보면

내가 길을 갔다기보다는

'길'이 나를 갔다.

'길'이 나를 여기까지 데려다 주었다.

스스로 '길'이 되어

'길'을 닦고

'길'을 비추고

'길'의 처음과 끝을

하나로 연결해준

'길'의 신비에 경탄할 따름이다.

마지막 남은 길

가장 어려운 길이 될 것 같다.

물집이 양쪽 발에 하나씩

두 군 데나 생겨

걷는 것이 몹시 불편하다.

그러나 오늘도

'길'이 나를 데려다 줄 것이다.

이 불편하지만 희망적인 마지막 길에서

나는

나의 존재에 대해

목회자요 신학자로서의 실존에 대해

남편이요 아버지로서의 삶에 대해

근원적 의미에서 라디칼 했는지

본질적으로 치열했는지

뿌리의 속성에 충실했는지

고민할 것이다.

사실 이 고민이

이 외로운 길 걷기를 나서게 하였다.

나는 안다.

이 길의 끝에서

마침표를 찍을 수 있는

답을 찾지 못하리라는 것을.

그러나 '내가 래디칼한가?' 라는 질문은
나를 살아 움직이게 하는
시원의 물음이다.
이런 질문이
내 속에서 솟아나지 않을 때
그때 나는 죽은 삶이 되리라.

이러한 산 자의 고민을
박노해는 '래디칼한가'라는
시에서 이렇게 고백한다.

　　가도 가도 일이 풀리지 않고
　　사태가 꼬여간다고 느낄 때는
　　단 하나의 물음을 던져야 한다.
　　단 하나다
　　아이에게 엄마는 단 하나고
　　시인에게 시어는 단 하나 듯

　　나는 충분히 래디컬한가

사태를 전체적으로 바라보고
문제의 뿌리까지 파고 들어가
근원에서 파악하고 풀어가는 것
그리하여 복잡하게 뒤틀린 것을
단순하게 바로잡아가는 원리
언제나 정직은 최선의 길이 아니던가
강물의 래디컬은 굽이굽이 흘러감이다
사랑의 래디컬은 자기를 내주는 것이다
정치의 래디컬은 기득권을 허무는 것이다

단순성
정직성
근원성
래디컬하다는 것은 가장 현실적인 것
언제나 근원의 진실을 거부하는 자들은
뭔가 기득권을 갖고 있는 자들뿐

나는 충분히 래디컬한가

도상에서, 길 위에서 나는 내가 되어 가고 있었다. 나는 여수 애양원이라는 곳을 향해 길을 가고 있었지만, 실은 나 자신에게로 가고 있었다. 내가 내딛는 발걸음은 이미 내딛은 발걸음과 곧 내딛을 발걸음이 만나는 현재다. 지금은 과거와 미래를 이어주는 영원이다. 때문에 오늘 길을 걷는 자는 과거와 함께 영원으로 나아가는 자요, 동시에 이 영원이 자신에게로 오는 것을 목도하는 자다. 이렇게 길 위의 존재는 되어감의 존재로서 되어야 할 존재로 나아가며, 동시에 되어야 할 존재가 지금 나에게로 와 나를 사로잡는 것을 늘 경험한다. 때문에 나는 오늘도 걷는다.

2. 자유를 향해 가는 도상적 존재

'참새가 방앗간을 그냥 지나치랴'는 속담이 있다. 이 말은 나에게도 해당된다. 길을 걷는 것을 좋아하는 나는 '길'과 연관된 말이 나오면 두 눈을 부릅뜨는 경향이 있다. 그래서 자신을 자유를 향해 가는 도상적 존재로 보는 본회퍼를 남달리 좋아하는지도 모른다.

옥중에서 쓴 '자유로 가는 도상의 정거장들'이라는 시에
서 본회퍼는 자유에 이르는 네 가지 도상을 소개한다. 첫
번째 도상은, 자신의 감각과 육체를 훈련^{Zucht}하는 것이다.
두 번째는, 옳은 것을 용감하게 행하는 것^{Tat}이다. 세 번째
는 고난^{Leiden}인데, 이 고난이란 자신이 하려는 것을 내려놓
고 하나님의 손에 맡기는 것이다. 마지막은 죽음^{Tod}으로, 이
것은 "영원한 자유에 이르는 도상에서 펼쳐지는 최고의 축
제"이다. 이 시의 마지막 연, 마지막 두 행을 직접 들어보자.

자유여, 너를 우리는 오랫동안
훈련과 행위와 고난에서 찾았다.
죽어가면서 우리는 이제
하나님의 얼굴에서 너 자신을 인식한다.

본회퍼는 참된 자유를 찾아가는 도상에서 나름의 문법
에 충실한 삶을 살고자 했다. 이제 그는 죽음이라는 마지
막 도상에 서 있다. 이 죽음은 "덧없는 육체와 어두워진 영
혼을 옥죄는 사슬과 벽"을 허물고 마침내 자유를 바라보게
하는 지점이다. 이것은 그 전에 훈련과 행위와 고난이라는

도상을 가치 없게 만드는 것이 아니다. 이런 도상을 거쳐 죽음에 이를 때에야 하나님께서 영광스럽게 완성하신 자유를 만끽하기 때문이다.

그런데 이 시에서 '행위' 다음에 나오는 '고난'에 대한 이해가 생경스럽다. 본회퍼는 자유를 향해 가는 '행위'의 도상에서 "자유란 생각이 아니라 오직 행위 안에만 있다"고 고백한다. 그런데 자유에 이르는 이렇게 가치 있는 행위를 멈추고, 하나님의 손에 맡길 것을 주문한다. 이것이 바로 고난의 의미이다. 자신이 할 수 있는 것, 또는 하고자 하는 것을 포기하고, 하나님께 맡기는 것 말이다. 이런 의미의 고난은 자신이 자유를 성취하는 능동적인 측면이 아니라, "하나님께서 영광스럽게 완성하신" 자유를 받아들이는 수동적인 측면을 부각한다.

이런 의미의 고난은 이미 본회퍼의 초기 작품에도 나온다. 그는 24살에 교수자격취득 학위논문인 『행위와 존재』 ^{Akt und Sein}를 썼다. 여기서 그는 '교회 안에서 인간의 존재방식'을 물으며 다음과 같이 루터를 인용하고 해석한다.

"'존재함^{esse}은 행함^{operari}에 앞선다. 한편 고난 받

음^{pati}은 존재함^{esse}에 앞선다. 그러므로 만들어짐
^{fieri}과 존재함^{esse}과 행함^{operari}, 이 순서로 이어진다
(루터).' 인간은 하나님과 마주 보면서 참고 견디
는 고난 받는 자의 자리로 빠져든다. 루터는 여
기서 '새로 태어남'$^{nova\ nativitas}$에 대해 말한다. 실
존은 '고난받음'으로 규정되어 있다. 다시 말해,
실존에 대해 '본래적으로' 말할 수 있는 것은 '사
로잡힌 실존'에 대해서 말할 때이다. 그리스도를
통해 사로잡힘을 당하거나 당하지 않음, 여기에
서 나오지 않는 모든 존재 개념은 '비본래적'이
다."『행위와 존재』139

언뜻 이해가 잘 안 되는 내용이다. 그러나 '고난받음'이
'만들어짐', 또는 '되어짐'과 동일시되는 것을 볼 수 있다.
그래서 '고난받음'이란 하나님께서 나를 만드시는 것을 '그
대로 받아들임'의 의미다. 이렇게 하여 본회퍼에게 있어서
도상적 존재란 그리스도에게 사로잡힌 존재로서 외부에서
자신에게 가해지는 만들어짐을 감내하며 받아들이는 존재
이다. 이런 의미에서 그는 고난받는 자다.

이제 본회퍼가 인용한 루터의 말을 자세히 들여다보며 신자의 실존인 도상적 존재에 대해 좀 더 윤곽을 그려보자.

3. "이미 얻었다 함도 온전히 이루었다 함도 아니라, 오직 예수께 잡힌 바 된 그것을 잡으려고 달려가노라."

본회퍼의 위 인용문은 로마서 12장에 대해 루터가 서론적으로 언급하는 짧은 난외 주석^{Glosse}에 나온다. 그리고 이에 대한 보다 자세한 주석이 12장 2절에 대한 상세한 본문 주석^{Scholie}에 나온다. 여기서 루터는 '변화를 받다'는 말을 아픈 사람이 건강을 되찾는 것에 비유하여 호전되어 가는 움직임으로 이해한다. 그 의미를 구체화하기 위해 그는 아리스토텔레스의 용어를 빌려 다음과 같이 설명한다.

"아리스토텔레스에 따르면, 자연적인 변화의 움직임에는 다섯 단계가 있다. '존재하지 않음'$^{non\ esse}$, '만들어짐'^{fieri}, '존재'^{esse}, '행위'^{actio}, '고난을 받고 견딤'^{passio}이 그것이다. 즉, 결여^{privatio}, 질료^{materia}, 형

상^{forma}, 활동^{operatio}, 고난을 받고 견딤^{passio}이다. 이
것은 정신적인 것에도 해당한다. 존재하지 않음
은 이름이 없는 것이며, 죄 가운데 있는 인간이
다. 만들어짐은 의롭게 되는 것이다. 존재는 의로
운 상태에 있는 것이다. 행위는 의롭게 행하며 사
는 것이다. 고난을 견디는 것은 완성되고 성취되
는 것이다. 이 다섯 단계는 인간 안에서 항상 움
직인다. … 왜냐하면 결여와 고난받음이라는 이
둘 사이에 있는 세 단계, 즉 되어감과 존재와 행
함은 항상 움직이기 때문이다. 인간은 새로 태어
남을 통해 죄인에서 의인으로 옮겨간다. 그리고
존재하지 않음에서 되어감을 통해 존재로 나아
간다. 이것이 일어난 후에는 의롭게 행한다. 이 새
로운 존재에서, 그러나 이것은 실은 비존재인데,
다른 존재로 나아가면서 그는 고난받음을 통해,
즉 다른 것이 됨을 통해 더 좋은 존재로 변한다.
그리고 또다시 이것으로부터 다른 것으로 넘어
간다. 그래서 인간은 참으로 항상 결여 가운데 있
고, 항상 되어감 또는 가능태와 질료 속에 있고,

항상 행함 속에 있다. 이런 것에 대해 아리스토텔
레스는 철학적으로 잘 고찰하였다. 그런데 사람
들이 그를 잘 이해하지 못했다."『루터:로마서강의』,477-78

　인간은 항상 움직임 속에 있다는 것을 말하기 위해 루터
가 인용한 아리스토텔레스의 어휘들과 그 순서를 그는 중
세 신학자들의 글을 통해 익혔을 것이다. 이렇게 배운 아
리스토텔레스를 통해 그는 인간이 어떻게 죄인에서 의인
으로 변해 가는지 그 과정을 도식화한다. '무無→만들어짐
→존재→행위→고난받음'이 그것이다. 이 변화의 과정에 의
하면, 고난을 받아들이고 감내하는 것이 맨 마지막 단계에
나온다. 그 때문에 세 번째로 나오는 '존재'의 앞이 아니라,
뒤에 위치한다. 그런데 앞에서 본회퍼가 인용한 루터의 짧
은 주석에서는 '고난받음'이 '존재'에 앞선다. 그리고 이어
지는 다음 문장에서 이 '고난받음'이 '만들어짐'과 동일시
된다. 짧은 주석과 상세한 주석 사이에 나타나는 논리적인
모순을 어떻게 설명할 수 있을까?
　다행히 루터는 상세한 본문 주석에서 이것을 해결할 수
있는 단초를 남긴다. 바로 위의 인용문 중간 후반부에 나오

는 것으로 '고난받음'을 '다른 것이 되는 것'$^{aliud\ fieri}$이라고 부연 설명하는 것이다. 이 두 가지가 같은 의미임을 드러내기 위해 두 단어 사이에 '즉'$^{id\ est}$, '다시 말해'라는 뜻을 가진 관용구를 사용한다. 이를 통해 분명히 드러나는 것은 루터의 변화 도식에서 맨 마지막에 위치하는 '고난받음'이 인간 삶의 마지막에 비로소 도달하는 완성 자체가 아니라는 것이다. 그것은 또다시 다른 것으로 만들어져가는 변화의 출발점이 된다. 이렇게 인간은 살아 있는 내내 이곳에서 저곳으로 움직이는 존재, 변화의 도상에 있는 존재이다.

인간을 도상적 존재로 보는 것은 루터가 로마서 강해를 하고 있을 때 비로소 가지게 된 것이 아니다. 이미 시편을 강해할 때, 그는 움직임과 관련하여 이렇게 말한다.

> "우리는 항상 움직임 가운데 있다. 우리는 항상 의롭게 되는 자로서 의로운 자이다. 왜냐하면 현재의 모든 의는 다가오는 현재에 추가되어야 하는 의와 관련해서는 죄가 되기 때문이다. 성 베르나르는 '더 좋게 되려는 것을 싫어하게 될 때, 너는 선한 존재이기를 그만두는 것이다. 왜냐하면 하

나님의 길에서는 정지해 있는 상태란 없기 때문
이다. 멈춤 자체는 죄다'라고 바르게 말했다. 그
때문에 현재 스스로 의롭다고 확신하고 멈추는
자는 이미 의를 잃은 것이다. 마찬가지로 움직임
속에서도 현재 목적지인 것은 다가오는 현재에서
는 출발점이 된다는 것이 분명히 드러난다. 그런
데 출발점은 우리가 항상 멀어져야 하는 죄이고,
목적지는 우리가 항상 그곳으로 가야 하는 의이
다."WA4,364

로마서 강해에서처럼 움직임의 유기적 차원이 잘 드러나
지는 않지만, 하나님의 길에서는 멈춤이 있을 수 없다는 것
을 분명히 한다. 오늘 다다른 곳은 생의 마지막 종착지가
아니라, 내일의 출발점이 될 뿐이다. 오늘 잡았다고 생각하
는 의, 그 의로 인해 새롭게 된 나의 존재는 내일도 똑같은
의로 나의 존재를 규정해주지 않는다. 내일은 내가 잡아야
하는 또 다른 의가 있다. 그 의를 붙잡기 위해 어제의 의를
넘어 앞으로 나아가야 한다.

　루터는 도상적 삶에 대해 이론적으로만 말하지 않았다.

스스로 그런 삶을 살려고 노력하였다. 1530년 11월 11일에
한 설교에서 그는 이렇게 고백한다.

> "나는 아직 확고히 서지 못했습니다. 나는 그것을
> 아직 충분히 잡을 수 없습니다. 바울이 빌립보서
> 3장 12절에서 '내가 이미 얻었다 함도 아니요 온
> 전히 이루었다 함도 아니라'고 말한 것처럼 말입
> 니다."[WA32,153]

그렇다. 그리스도인의 실존은, 사도 바울의 고백처럼, "이
미 얻었다 함"도 아니고 "온전히 이루었다 함"도 아니다. 오
직 "그리스도 예수께 잡힌 바 된 그것을 잡으려고 달려가
는" 존재다. 때문에 "잡은 줄로 여기지 아니하고" 이미 "한
일, 즉 뒤에 있는 것은 잊어버리고 앞에 있는 것을 잡으려
고 푯대를 향하여 달려가는" 존재다. 이런 도상적인 삶과
관련해서도 루터는 사도 바울을 따라가고 있다. 그래서 루
터는 '새로운 존재'에 대해 다음과 같이 말할 수 있었다.

> "그러므로 새로운 백성, 곧 믿음의 백성이요 영적

인 백성이 마음으로 탄식하고, 행위로 절규하며,
육체의 행위를 가지고 갈망하고 찾고 구하는 것
은 죽음의 순간까지 계속해서 의롭게 되고, 결코
멈추어 서지 않고, 이미 붙잡았다고 여기지 않
고, 행위를 통해 이미 얻은 의를 온전히 이루었
다고 생각하지 않는 것이다. 반면에 의란 아직도
자기 밖에 있으며, 그래서 자신은 계속해서 죄
속에서 살고 그 안에 존재한다고 생각하는 것이
다."『루터:로마서강의』,225

4. 의인이면서 동시에 죄인^{simul iustus et peccator}

루터는 앞서 언급한 로마서 12장 2절 주석에서 인간이
비존재에서 되어감을 통해 존재로 변화되는 것을 '새로
태어남'으로 묘사한다. 그렇다면 새로 태어난 '새로운 존
재'^{novum esse}는 어떤 존재인가? 이미 '고난받음'을 '또 다른
것으로 되어감'의 단계로 간주하는 것에서 보았듯이, 새로
운 존재도 다시는 움직이지 않는 상태에 있는 것이 아니다.

그렇게 생각하고 멈추어 설 수 있는 위험이 우리 인간에게
는 다분히 있다. 키르케고르가 말한 '세속적인 습성'에 익
숙해 있는 우리 인간은 세례를 통해 새로운 존재가 된 것
만으로도 충분하다는 자기 합리화에 빠질 수 있다. 쉬운
길을 선택하는 경향이 강한 이러한 인간의 모습을 간파하
였는지 루터는 되어감을 통해 도달한 새로운 존재를 다시
금 '비존재'로 자리매김한다. 이를 통해 루터는 인간의 실
존을 변화의 길을 가는 도상적 존재로 분명히 하며 다음과
같이 말할 수 있게 되었다.

> "인간은 항상 존재하지 않음$^{non\ esse}$ 가운데 있고,
> 되어감^{fieri} 속에 있고, 존재^{esse} 속에 있다. 항상 결
> 여 속에 있고, 가능태 속에 있고, 행동 속에 있
> 다. 항상 죄 속에 있고, 의롭게 되어감 속에 있고,
> 의로움 속에 있다. 다시 말해, 인간은 항상 죄인
> $^{semper\ peccator}$이며, 항상 회개하는 자$^{semper\ penitens}$이
> 며, 항상 의인$^{semper\ iustus}$이다."『루터:로마서강의』,478

인간이 변화의 길을 걷는 도상은 일직선 상으로만 오갈

수 있는 길이 아니다. 도달해야 하는 모든 지점에 동시에
존재할 수 있는 신비한 길이다. 비존재의 길과 되어감의 길
과 존재의 길과 고난의 길이 서로 구분되어 별도로 있는
것이 아니라, 한 길 위에서 모든 것이 유기적으로 일어나는
길이다. 그래서 하나님의 길 위에서는 죄인이면서, 동시에
의인이라는 실존이 가능하다.

그런데 '죄인이면서 동시에 의인', 또는 '의인이면서 동시
에 죄인'이라는 도식을 설명해 나가는 루터의 글들을 유심
히 살펴보면, 환자가 병에서 치유되어 가는 과정을 비유로
언급하는 것을 발견하게 된다. 특히 '의인이면서 동시에 죄
인'인 신자의 실존을 선한 사마리아인에 의해 치료를 받는
강도 만난 자의 실존으로 비유한다. 그래서 선한 사마리아
인인 예수 그리스도에 의해 여관으로 옮겨진 신자에 대해
이렇게 말한다.

> "그는 죄인이면서 동시에 의인이다. 실제로는 죄인
> 이지만, 하나님께서 그를 완전히 치유하실 때까
> 지 죄에서 구속해 주시겠다는 그의 확실한 헤아
> 림과 약속 때문에 의인이다. 이 때문에 그는 소

망 속에서 완전히 건강한 자이지만, 실제로는 죄
인이다. 그러나 그는 의롭게 되는 것을 시작했고,
자신이 불의하다는 것을 의식하면서 계속 찾는
다." 『루터:로마서강의』,235

칭의론의 핵심을 표현하고 있다는 '의인이면서 동시에
죄인'이라는 말은 결국 의롭다고 간주하는 자의 삶이 의
의 완성에 이른 자의 삶이 아니라, 그것을 향해 가는 도상
에 있는 삶이라는 것을 말해준다. 그 때문에 빨리 낫고자
하는 조급함이나, 죄의 탈을 단 한 번에 완전히 벗어버리
려는 과도한 욕망에 사로잡힌 자에게 루터는 다음과 같이
조언한다.

"너무 급하게 회복되고자 하는 환자는 확실히 더
심하게 재발할 수 있는 것과 같이, 우리는 점진
적으로 치유되어야 하고, 많은 약함을 일정 시간
동안 견디어야 한다. 죄를 완전히 제거하지 못한
다고 할지라도 죄를 싫어하는 것으로 충분하다.
왜냐하면 그리스도께서 모든 죄를, 우리가 그것

을 싫어하기만 하면, 짊어지시기 때문이다. 그래
서 그것은 이제는 우리의 죄가 아니라 그의 죄가
된다. 마찬가지로 그의 의는 우리의 의가 된다."[루

터:로마서강의』, 228

'의인이면서 동시에 죄인'이라는 신자의 실존을 이루는
두 기둥 사이에서 건강한 균형을 이루며 사는 데 있어서
무엇보다 요청되는 것은 '죄를 싫어하는 것'이다. 바로 이러
한 이유로 회개란 도상적 삶을 사는 신자에게 의인이면서
동시에 죄인으로서의 정체성을 일깨워주고, 그런 존재로
순례를 지속하게 하는 하나님과 인간이 만나는 일종의 골
방이다.

5. 도상적 존재에게 '회개'가 필요한 이유는?

1520년에 루터의 파문을 위협하는 교황의 교서인 '주여,
일어나소서'는 루터의 주장 중에서 오류로 간주하는 41개
의 조항을 나열한다. 루터를 지지하는 자들은 그를 정죄하

는 이 41개 조항에 대해 변호하는 글이 나오기를 원했다. 이 갈망에 호응하여 1521년에 라틴어판인 『레오 10세의 새 로운 교서를 통해 정죄된 마르틴 루터의 모든 조항에 대한 변호^{Assertio}』와 독일어판인 『로마의 교서에 의해 부당하게 단죄된 마르틴 루터의 모든 조항의 토대와 근거^{Grund und Ursach}』가 각각 출판된다. 그럼 교황의 교서가 정죄하는 루터의 주장은 무엇인가? 무엇보다 첫 번째와 두 번째 조항을 직접 들어보자.

> "1. 새 언약의 성례들이 빗장을 열지 않는 자들에게 의롭게 하는 은총을 준다는 주장은 이단적이다. 그러나 널리 통용된다."^{WA 7,101}
> "2. 세례를 받은 뒤 어린아이에게 죄가 남아 있다는 것을 부인하는 것은 바울과 그리스도를 발로 짓밟는 것이다."^{WA7,103}

'빗장을 열다'는 말은 '죄를 짓고자 하는 고의적인 의도를 가지다'라는 말이다. 여기서 루터가 비판하는 로마-가톨릭의 가르침은 자신의 죄에 대해 참회를 하지 않을지라도,

빗장을 열지 않는, 즉 죄를 짓고자 하는 고의적인 의도를
가지고 있지 않은 것만으로도 은총을 받을 만하다는 것이
다. 여기서 '빗장'이란 "죽음을 면치 못할 죄나 의도를 가지
고 행하는 살인, 정욕 등"으로 간주한다. 이러한 가르침을
비기독교적이고 이단적이라 간주하는 루터는 자신의 입장
을 이렇게 표명한다.

> "성례를 받기 위해서는 … 죄에 대해 진실한 참회
> 가 필요할 뿐만 아니라, 마음속에 성례를 합당하
> 게 받는다는 확고한 믿음이 있어야 한다."WA7,102

성례를 받기 위한 전제는 참회와 믿음이다. 여기서 제기
되는 질문은 '세례를 받은 자도 참회를 해야 하는가?'이다.
루터 당시의 세례란 유아세례를 말한다. 그래서 '유아세례
를 받은 자에게 여전히 죄가 남아 있는가?'라는 질문으로
이어진다. 루터는 이 질문에 대해 원죄의 개념을 가지고 다
가간다. 죄와 싸우는 사도 바울의 탄식에서 볼 수 있듯이,
세례를 받은 후에도 온갖 탐심이 남아 있고, 육신으로는
죄의 법을 섬기는 것이 신자의 실존이다.WA7,329;331-32 그런데

세례란 무엇인가? 중세 후기의 신학자들은 세례를 통해 모든 죄가 사해지고, 인간이 새롭게 태어난다고 믿었다. 그래서 세례 후에 죄가 남아 있다고 말하는 것은 세례를 모욕하는 것으로 생각하였다. 그렇다면 세례 후에도 남아 있는 것은 무엇인가? 그것은 죄가 아니라, 육체의 결함[defectus]이나 약함[infirmitas], 불쏘시개[fomes] 정도라 간주하였다.[WA7,108]

루터는 이 문제를 해결하기 위해 '죄가 용서되다'와 '죄가 없다'를 구분한다.[WA7,342] 그에게 있어 죄의 용서는 죄의 부재를 의미하는 것이 아니다. 이에 대한 근거로 그는 아우구스티누스를 인용한다.

> "죄는 세례를 받을 때 용서된다. 그러나 (이 용서는) 죄가 더는 있지 않다는 의미가 아니라, 계산되지 않는다는 의미에서 그렇다."[WA7,344]

세례나 회개를 통한 죄의 용서에도 불구하고 죄는 남아 있다. 단지 하나님에 의해서 죄로 계산되지 않을 뿐이다. 그렇다면 모든 죄가 계산되지 않는 것인가? 아니다. 루터에 의하면, 두 경우가 함께 수행될 때만 죄가 계산되지 않는다. 첫 번째는 그리스도를 믿는 믿음이고, 두 번째는 끊임없이 죄와 싸우는 영적 투쟁이다. 믿음과 죄와의 씨름이 구별되지만, 분리되지 않는다. 죄를 용서해주시는 그리스도를 믿는 자들은 자신의 영적 여정을 방해하는 죄와 끊임없이 싸워야 한다. 그 때문에 회개는 '이미'와 '아직 아님'의 문법이 지배하는 도상에서 의인이면서 동시에 죄인으로 살아가는 신자의 실존을 특징짓는 것이다.

6. 도상적 존재: 죄와 싸우는 유쾌한 자

육을 입고 있는 우리가 이 땅에서 죄의 법에 매여 살아야 한다면, 세례는 어떤 의미가 있는 것인가? 세례를 받아도, 참회를 해도 죄의 굴레에서 벗어날 수 없다면, 세례나 참회란 아무 의미가 없는 것은 아닌가? 루터는 그렇게 생각하지 않는다. 그에게 있어 세례는 일종의 "첫 번째 은총"으로 간주할 수 있다. 물론 중세에 그랬던 것처럼 칭의의 조건이라는 의미에서가 아니다. 칭의의 완성을 향해 가는 첫 번째 징검다리라는 의미에서 그렇다는 말이다. 이것을 그는 사마리아인이 강도 만난 자를 단번에 건강하게 만든 것이 아니고, 여러 단계를 거쳤다고 이야기하며 다음과 같이 설명한다.

> "우리도 세례나 회개를 통해 완전히 건강하게 되는 것이 아니다. 우리는 시작하였을 뿐이고, 첫 번째 은총과 결합하여 날마다 점점 더 치유되고 건강하게 될 것이다."[WA7,336]

세례나 회개를 통해 우리는 매일 매일 더 건강하게 되어가는 도상에 있지, 이미 건강한 상태가 된 존재가 아니다. 이것을 루터는 누룩의 비유를 통해 더 구체화한다. 밀가루 반죽을 점차 부풀리는 누룩을 믿음과 성령의 은총에 비유하며 이렇게 말한다.

> "이 (기독교적인) 삶은 경건한 상태^{Frommsein}가 아니라 경건하게 되는 것^{Frommwerden}이다. 건강한 상태 ^{Gesundheit}가 아니라 건강하게 되는 것^{Gesundwerden}이다. 존재^{Sein}가 아니라 되어감^{Werden}이다. 멈추어 쉬

는 것이 아니라 움직이며 훈련하는 것이다. 우리
는 아직 된 자가 아니라 되어 가고 있는 자다. 아
직 마지막에 이르기까지 수행되었고 된 것이 아
니라, 진행 중이고 행해지고 있다. 그것은 끝^{Ende}
이 아니고 길^{Weg}이다."^{WA7,336}

　기독교인의 정체성을 도상의 존재로 보는 것은 같지만
1521년의 독일어판 『토대와 근거』에 비해 원래의 라틴어판
^{Assertio}은 단어의 선택에 있어서 좀 다른 것이 있고, 이로 인
해 원래의 뜻을 더 풍부하게 해준다.

　"이 삶은 의롭게 된 것$^{esse\ iusticia}$이 아니라 의롭게
되는 것^{iustificatio}이다. 건강하게 된 상태^{sanitas}가 아
니라 건강하게 되는 것^{sanatio}이다. 주님의 마지막
이 아니라 지나가는 여정이다. (정착하는) 땅이
아니라 이동하는 것이다. 그리고 죄로부터 계속
정화하는 것이고 덕에서 덕으로 넘어가는 것이
다. … 그리고 점점 더 명확하게 그리스도의 모습
으로 변화되는 것이다."^{WA7,107}

루터에 의하면 신자는 믿음으로 의롭게 된다. 의롭게 되는 여정은 일상에서 짓고 있는 수많은 죄와 씨름하며, 죽을 때까지 지속한다. 이것은 1517년에 면죄부를 비판하는 95개 논제를 세상에 드러내기 전부터 발견되는 루터의 일관된 생각이다. 1516/17년에 그는 갈라디아서를 강해한다. 5장 16절에 대한 강해에서 다음과 같이 말한다.

> "그리스도인의 삶이란 존재^{esse}에 있는 것이 아니라 되어감^{fieri} 속에 있다. 승리에 있는 것이 아니라 싸움 속에 있다. 의로운 상태에 있는 것이 아니라 의롭게 되어감에 있다. '그것을 붙잡은 것'^{comprehendisse}이 아니라 '그것을 향하여 나아감'^{extendere}에 있다. 깨끗한 상태^{puritas}에 있는 것이 아니라 깨끗하게 되어감^{purificatio}에 있다."^{WA57,102}

신자의 실존을 도상의 존재로 보는 것은, 이미 위에서 보았듯이, 1515/16년에 있었던 로마서 강해에서도 나타난다. 그런데 '의인이면서 동시에 죄인'이라는 말을 가능하게 해주는 핵심적인 연결고리로 회개가 언급된다. 루터의 말을 직접 들어보자.

"회개하는 것은 의롭지 않은 자에서 의로운 자로
되는 것이다. 그러므로 회개는 의롭지 않음과 의
로움 사이의 매개물이다. 그것은 출발점으로 말
하면 죄 가운데 있고, 목적지로 말하면 의로움
가운데 있다. 그러므로 우리가 언제나 회개할 때
면, 우리는 죄인이지만 또한 바로 의인이며 의로
워진다. 우리는 부분적으로는 죄인이고, 부분적
으로는 의인이라는 것이다. 다시 말해, 회개하지
않으면 아무것도 아니다."『루터:로마서강의』,478

  신자란 하나님의 은총에 의해 의인으로 간주하지만, 이
땅에 사는 동안은 죄와 싸워야 하는 죄인이다. 이것은 신자
의 자리가 죄인에서 의인으로 되어가는 도상, '존재'를 향해
'되어가고 있는' 도상임을 보여준다. 이 도상의 신자를 신자
되게 하는 것은 회개이다. 회개가 없다면 우리의 모든 도상
적 삶은 아무것도 아니다.
  회개가 우리를 의롭지 않음에서 의로움으로 건너가게

하는 일종의 징검다리라면, 이 말은 어두운 말이 될 수 없다. 오히려 이 도상에 있는 신자는 "사랑으로 죄를 추적하고, 유쾌하게 회개하는 참 자유롭고, 쾌활하고, 용기 있는 그리스도인이 된다." '의인이면서 동시에 죄인'이라는 말이 가지고 있는 역설만큼이나 '죄와 싸우는 유쾌한 자'라는 또 하나의 역설이 가능하다. 이런 의미에서 루터가 외친 95개 논제의 첫 번째 조항은 가볍게 듣고 넘어가서는 안 된다. 오히려 세상뿐만 아니라, 교회마저도 비종교적으로 되어 가고, 무신적인 종교의식으로 채워지는 작금의 현실에 비추어 볼 때, 깊은 울림으로 다시 경청해야 하는 말은 아닐까? 세상에 속해 있으면서도, 엑-클레시아$^{ἐκ-κλησία}$라는 말이 뜻하는 바대로, 부름을 받은 자로 참 자유롭고 쾌활하고 용기 있는 그리스도인의 길을 걷기 위해서 말이다.

VI. 나가는 아니리

1. 루터의 소리: 2020년 10월 31일 종교개혁기념 설교

언제부터인가 고해소로 오는 이들의 마음가짐이 예전과 비교해 달랐습니다. 예상은 했지만, 실상은 심각했습니다. 죄에 대해 고민하는 흔적은 사라지고, 대신 종이 한 장으로 모든 것이 해결되었다는 안도감에 취해 있었습니다. 예, 문제는 '그 종잇조각'이었습니다. 그것은 '돈궤에 떨어지는 동전 소리와 함께 연옥에 있는 부모 형제들의 영혼이 천국으로 올라간다'는 매혹적인 선동에 불타나게 팔려나갔습니다. 비록 비텐베르크에서는 '그 종잇조각'을 팔고 사는 것이 금지되어 있었지만, 그것을 둘러싼 이야기는 모든 사람의 귀를 솔깃하게 만들었습니다. 그것을 사기 위해 이웃 교구로 향하는 은밀한 발길과 그것에서 떨어지는 부스러기라도 주워 먹으려는 갈망은 운무雲霧처럼 비텐베르크를 감싸고 있었습니다.

돈으로 하나님과 장사하는 문화를 조장하는 교회의 현실에 마음이 너무 아팠습니다. 제 수도승 생활에 대해 들으신 분들은 아시겠지만, 저는 제 안에 있는 티끌, 잿가루, 죄의 흔적들을 지우기 위해 저 자신과 처절하게 싸웠습니

다. 살인이나, 간음과 같은 대죄만 고해하려는 당시의 관행에 비해 크든, 작든 죄라고 간주하는 모든 티끌을 고해하려는 저의 영적 민감함을 소심한 성격 탓으로 치부할 수도 있을 것입니다. 그러나 저는 제 자신에 대해 진지하고 싶었습니다. 자신의 죄도 해결하지 못하면서, 고해를 받고 사죄를 선포하는 사제가 되기는 싫었습니다.

그런데 돌이켜보면, 죄와의 싸움은 단 한 번에 끝나는 것이 아니었습니다. 자기 자신과의 처절한 싸움인 회개는 우리가 주님 앞에 갈 때까지 계속해야 하는 지난한 영적 수행입니다. 우리가 세례를 받은 자이지만 그래도 회개하는 삶을 살아야 하는 것은 이 땅에서의 우리의 삶이 의로운 상태에 있는 것이 아니라, 의롭게 되어가는 과정에 있기 때문입니다. 우리가 신자로 살아가는 기독교적인 삶이란 경건한 상태가 아니라, 경건하게 되어감에 있습니다. 건강하게 된 상태가 아니라, 건강하게 되어감에 있습니다. '그것을 붙잡은 것'이 아니라, '그것을 향하여 나아감'에 있습니다. 주님의 모습으로 변화된 상태에 있는 것이 아니라, 그분의 모습으로 변화되어 가는 도상에 있습니다. 이미 온전함에 이른 존재^{esse}가 아니라, 아직 되어감^{fieri}에 있습니다.

예, 우리는 의인이지만 동시에 죄인입니다. 우리가 회개를 통해 죄 사함을 받는다는 것은 이미 모든 죄로부터 깨끗한 존재가 되었다는 것을 뜻하는 것이 아닙니다. 단지, 깨끗하게 되어 가는 도상에 있다는 것입니다. 도상적 존재인 우리는 죄라는 말이나, 회개라는 말을 딱딱하고 차가운 말로 받아들일 필요가 없습니다. 오히려 그 반대로 "사랑으로 죄를 추적하고, 유쾌하게 회개하는 참 자유롭고, 쾌활하고, 용기 있는 그리스도인"이 되어야 합니다. '죄와 싸우는 자유롭고, 유쾌한 자', 이것이 바로 의인이면서 죄인인 신자의 실존입니다.

그런데 죄와의 싸움이 진행되는 동안 제가 깨달은 것이 있습니다. 그것은 죄와 진지하게 씨름하는 자는 죄를 빌미로 삼아 수많은 차꼬를 만들어 인간과 사회를 옥죄고 다스리는 교회 조직과 부딪힐 수밖에 없다는 것입니다. 하나님을 인간에 대한 천국행과 지옥행 판결을 내리는 의로운 재판관으로 세우고, 그 하나님의 결정적인 권위를 마치 교회가 가지고 있는 양 마구 휘두르는 교회 문화에서는 그리스도의 자리는 없기 때문입니다. 그리스도께서 지신 십자가가 아무 가치가 없는 듯, 모든 사람에게 그와 같은 십자가

를 지우는 교리와 신학은 그의 죽음과 부활이 없는 종교
를 세우는 것입니다. 그 결과는 일만 달란트의 빚을 탕감
해주는 그리스도는 문밖으로 추방하고, 백 데나리온의 빚
문서로 인간을 가두는 감옥 교회가 탄생한 것입니다.

감옥 중에서도 가장 감옥 같던 수실에서 제가 발견한 것
은 감옥 교회의 하나님이 정말 쩨쩨하고 시시콜콜한 존재
라는 것입니다. 인간사회의 밴댕이 소갈딱지와 비교할 수
있을 정도로 정말 속이 좁은 소인배라는 것입니다. 저는
이 하나님이 정말 '세상을 끔찍하게 사랑하셔서 독생자를
아낌없이 주신 분'이라고 믿을 수 없었습니다. 여기서 저는
인간이 만들어낸 하나님과 십자가의 길을 가신 하나님 사
이에서 갈등하게 되었습니다. 교회가 만들어 상석에 앉히
'우상-하나님'과 교회의 머릿돌이 되신 '그리스도-하나님'
사이에 간극이 있음을 분명히 깨달았습니다. 그리고 이 깨
달음의 마지막 단계에서 저는 플라톤의 '동굴'로 비유될 수
있는 감옥 교회를 탈출하였습니다.

동굴에서 나오니 감옥 교회가 주장하는 것처럼 하나님
은 그렇게 속 좁은 분이 아님을 확연히 느낄 수 있었습니
다. 동굴 밖 하나님은 '그럼에도 불구하고'라는 팻말을 들

그림 28: 1524년에 슈파이어
Speyer에서 인쇄된 전단지 그림
으로 '그리스도를 믿는 자들
을 인간적 교리가 지배하는
애굽의 어둠으로부터 거룩한
복음과 신적인 가르침과 진리
가 있는 은총의 나라의 빛으
로 데리고 나감'이라는 제목
을 가지고 있다.
'애굽의 어둠'이란 출애굽기
10장 22절에 나오는 아홉 번
째 재앙인 어둠에서 유래하는 말로 일종의 어둠 속 삶을 상징하는 관용구로 사용된다. 이 동굴 속 감옥에
사람들이 갇혀 있고, 이곳을 다스리는 문법은 그 위에 있는 교황을 필두로 하는 교황주의자들이다. 엠저(염
소)와 에크(돼지)가 짐승으로 나오고, 동굴 바로 위에는 면죄부와 그것을 살 때 울리는 종이 나온다. 동굴
입구에는 십자가에 달린 그리스도를 가리키는 박사모를 쓴 자는 루터를 상징한다. 루터는 교황-주님과 그
의 추종자들이 만들어 놓은 어둠의 동굴 속에 갇혀 있는 자들을 이끌어내어 십자가에 달리신 그리스도에
게로 나아 가게 하고 있다. 이 전단지 아랫부분엔 세 단에 걸쳐 텍스트가 나온다.

그중 동굴 속에 갇혀 있는 사람들이 루터에게 자신들을 어둠의 동굴에서 해방해 달라고 청하며 자신들의 처지를 다음과 같이 고백한다: '우리는 오랫동안 어둠 속에 지내 장님이 되었습니다. 우리가 전혀 이해하지 못하는 인간의 가르침과 계명과 율법을 통해 말입니다.'

이 전단지는 요한 바더[J.Bader]가 만든 것으로 간주한다. 하이델베르크에서 공부하고 린다우[Lindau]의 주교구성당의 사제가 된 바더는 1522년에 고해를 비롯해 교회의 잘못된 관행들에 대해 비판한다. 이로 인해 1523년에 슈파이어 주교 회의에서 경고를 받는다. 그러나 그는 오히려 더 결연하게 교회가 가르치는 연옥설과 돈을 주고 사는 개인 미사와 성인숭배를 비판한다. 이로 인해 1524년 3월에 다시금 그를 심문하는 주교 회의가 슈파이어에서 열린다. 이 회의는 4월 17일에 바더의 파문을 결정한다. 이 전단지는 바로 슈파이어에서 자신에 관한 재판이 진행되고 있을 때나, 파문이 결정되고 난 이후에 인쇄된 것으로 보인다.

고 죄인들을 찾아오시는 용서의 하나님이었습니다. 그렇게
도 제가 갈구했던 은혜로우신 하나님은 바로 죄인임에도
불구하고 용서해주시는 이 하나님입니다.

이 용서의 하나님과 함께 저는 교회가 만든 심판의 하나
님과 맞서게 되었습니다. 용서의 하나님으로 우리에게 다
가오시기 위해 지셨던 그분의 십자가로 교회를 성직매매의
온상으로 만드는 교황의 면죄부에 맞설 수 있었습니다. 이
용서의 은혜가 너무 커서 저는 교회로부터 파문을 당하고,
제국으로부터 백성의 권리를 박탈당하고 법의 보호를 받
을 수 없는 죄수가 되는 것을 감내할 수 있었습니다.

그렇습니다. 그리스도인의 삶을 다스리는 마지막 문법은
죄와 죗값인 형벌에 대한 두려움이 아닙니다. 그리스도인
의 삶은 용서의 은혜 위에 세워지고, 그 용서에 대한 감격
과 감사로 이루어지는 삶입니다. 예수 그리스도의 십자가
가 없는 율법에 종된 삶이 아니라, 그 십자가 때문에 주어
지는 해방과 자유의 삶입니다. 유감스럽게도 이 은혜와 자
유의 삶을 감옥 교회는 이상한 교리들을 만들어 가로막고
있었습니다. 동굴 속 신자들을 세뇌해 교회의 가르침에 무
조건 아멘 만 하게 만들었습니다. 이 세뇌가 얼마나 강력

하면 신학자들도 은혜의 하나님을 믿지 못하는 지경에 이
르렀을까요? 그리스도의 십자가에서의 죽음과 부활이 궁
극적으로 지향하는 용서의 문법을 신뢰하지 못하고 감옥
교회가 선전하는 연옥과 지옥의 끔찍한 불 쇼에 머뭇거리
는 것일까요?

　이러한 모습이 비텐베르크에서 저를 대신해서 은혜의
복음을 선포해야 하는 제 동료 멜랑히톤에게서도 나타난
다는 것에 마음이 아팠습니다. 값비싼 은혜를 값싼 은혜로
전락시킨 동굴 교회의 공갈협박이 얼마나 깊은 영향을 미
쳤으면 멜랑히톤조차도 그 그늘에서 완전히 벗어날 수 없
었을까요? 그래서 저는 죄의 문제로 소심해 있는 그에게
다음과 같이 도발적인 편지를 썼습니다.

　　"죄인이 되어라. 그리고 담대하게 죄를 지어라. 그
　　러나 더 담대하게 그리스도를 믿고 즐거워하라.
　　죄와 죽음과 세상의 승리자이신 그분을."WABr.2,372

　여러분! 그리스도가 없는 교회를 믿지 말고 그리스도를
믿으십시오. 그리스도를 괄호로 묶어 생략하는 교회를 믿

지 말고 그리스도를 믿으십시오. 그리스도를 지성소로 유폐시키고 휘장으로 꼭꼭 숨기는 교회를 믿지 말고 그리스도를 믿으십시오. 그리스도를 좀팽이로 만들고 목사-주님을 경배하게 만드는 교회를 믿지 말고 그리스도를 믿으십시오. 세상 죄를 지고 가는 어린양을 가리키지 않고, 자신을 바라보라고 은근히 부추기는 목사-주님을 믿지 말고 그리스도를 믿으십시오. '죄-지옥'이라는 올가미로 여러분을 옥죄는 감옥 교회를 떠나 '아사셀'이 향하는 광야로 나가십시오. 동굴 교회 밖 광야로 나가시는 그 어린양은 우리의 허다한 죄를 덮어주시는 자비로우신 주님입니다. 이 주님을 믿고, 이 주님과 함께 일상을 희망차게 사십시오.

하나님이 여러분과 함께 하기를 빕니다. 아멘.

2020년 10월 31일 마르틴 루터

2. 윤동주본회퍼루터강치원의 소리

2.1 우리가 지향하는 교회는?

오스트리아 빈에 가면 황제의 이름을 딴 카를교회^{Karls-}^{kirche}라는 예배당이 있습니다. 이 교회의 건축 배경에는 1713년에 오스트리아를 두려움과 전율 속으로 몰아넣은

그림 29: 늦은 오후 시간 대의 카를교회

흑사병이 있습니다. 페스트가 창궐하던 1713년 10월 22일에 당시의 황제인 칼 6세가 스테판 성당에서 서원합니다. 성인 칼 보로매우스에게 봉헌하는 예배당을 하나 세우겠다는 것입니다. 이 성인은 황제가 세례를 받을 때 받은 세례명이기도 한데, 그는 특별히 흑사병을 고치는 수호성자로 숭배되었습니다. 페스트는 그다음 해인 1714년에 그쳤는데, 사람들은 이것이 황제의 서원 때문이라고 믿었습니

그림 30: 카를교회의 야경

다. 황제는 곧바로 교회를 세우도록 지시하였고 1737년에
완성되었습니다.

정면의 맨 앞 여섯 개로 이루어진 기둥 바로 위에는 금
빛 글자로 "하나님을 경외하는 자들 앞에서 내가 내 서원
을 이행하리이다"는 시편 22편 25절 말씀이 라틴어로 기록
되어 있습니다.

'서원을 이행한다'는 말은 기둥을 지나면 나오는 정문 바
로 위에 있는 봉헌 현판에도 나타납니다.

> '전능하신 하나님의 영광을 위하여 중재자인 칼
> 보로매우스 성인에게 가톨릭적이며 사도적인 왕,
> 위엄 있는 황제 칼 6세는 서원을 이행하였다. 백
> 성의 안전을 위해 1713년에 해야 했었는데 같은
> 해에 이것을 하였다.'

전형적인 '서원 예배당'인 이 교회는 알프스 북쪽에 있
는 바로크풍의 예배당 중에서 가장 유명한 것 중의 하나입
니다. 이 교회를 방문한 시인 김윤자는 2013년에 '카를 교
회'라는 제목으로 다음과 같은 문학기행을 남겼습니다.

얼마나 흑사병이 무서웠으면

저토록 아름다운 교회가 탄생되었을까

두 차례에 걸쳐

오스트리아 전역을 휩쓸고 간

검은 병마 페스트

다시는 지구상에 그런 일이 없기를

완전히 소멸되기를

그 감사의 기념물로

아버지 카를에서 아들 카를 보로메우스까지

대를 이어 완성했다 하니

높은 곳에서 반짝이는 영롱한 빛과

빈의 거리, 그 바로크 걸작품이

백성의 안위를 위해 고뇌하던

깊은 인간애의 푯대로

빈의 하늘에 나부끼며 가슴을 흔든다.

'흑사병의 무서움' 속에서 '아름다운 교회의 탄생'이라
는 역설적 표현이 눈을 끕니다. 또한 '검은 병마 페스트'가
맹위를 떨치는 가운데 '감사의 기념물'로서의 '바로크 걸작

품'이 만들어졌다는 역설적 표현도 그렇습니다. 그러나 오늘 제 눈을 사로잡은 것은 이 예배당을 "백성의 안위를 위해 고뇌하던 / 깊은 인간애의 푯대"로 읽어낸 여행자의 역사적 감수성입니다.

사실 기독교의 한 축에서는 페스트의 창궐을 하나님의 심판으로 간주하는 경향이 있습니다. 14세기 중엽에 유럽을 덮쳤던 페스트로 인해 유럽 인구의 1/3 정도가 생명을 잃은 적이 있습니다. 이 무시무시한 페스트가 몰아치고 있던 1348년 10월에 프랑스 왕 필립 6세가 파리 대학의 의학부 교수들에게 발병원인에 대해 조사하고, 대책을 마련하라고 명을 내립니다. 가장 권위를 가진 의학부 교수들이 찾아낸 원인은 점성술적 관찰을 토대로 하고 있습니다. 1348년 3월 20일에 토성과 목성과 화성이 물병자리 방향으로 40도 정도 기울어져서 페스트가 생겼다는 것입니다. 당시 토성과 화성이 서로 인접하면 죽음을 의미했고, 목성과 화성이 인접하면 페스트가 도는 것을 의미했습니다. 이런 별자리로 인해 몰아닥친 멸망의 바람, 곧 대기 속에 있는 전염병의 독 앞에서 살아남을 인간이란 없다는 것입니다. 점성술로 풀어낸 이 발병원인은 이후 공식적인 근거로 인정을 받습니다.

그런데 정말 사람들이 그렇게 믿었을까요? 그렇지 않습
니다. 전 유럽에 걸쳐 일반적으로 받아들여진 견해는 하나
님의 저주라는 것입니다. 물론 파리 대학의 보고서도 별
자리 이동이 하나님의 뜻에 의한 것임을 언급합니다. 그러
나 민간신앙은 종교적인 측면으로 훨씬 더 기웁니다. 인간
의 죄에 대한 하나님의 심판의 결과로 흑사병이 일어났다
는 것입니다. 그래서 심판을 피하기 위해 채찍질을 통해 회
개하는 '편타鞭打 고행'이 유럽의 길거리 문화가 되었습니다.

그림 31: 1350년경에 지금의 벨기에 투르내Tournai에 있는 베네딕투스 수도원인 성 마르탱 수도원장이던
질레 리 뮈지Gilles Li Muisis가 창조부터 1349년까지의 세계 역사를 기술한 '연대기'에 나오는 편타 고행자
들의 행렬. 이 그림은 투르내의 필경사요, 장식화가요, 제본공인 Pierart dou Tielt가 그린 것이다.

종교 지도자들과 종교 시스템에 의해 주입된 이런 심판론은 계몽적 사고를 하지 못하는 신자들에게 여전히 영향력을 미치고 있습니다. 그 한 예가 코로나 19에 대한 몇몇 교회의 반응입니다. 코로나 19가 중국을 휩쓸고 한국에도 그 쓰나미가 몰려오자, 이것이 기독교를 박해하는 중국 공산 정권과 기성 교회를 흔드는 신천지에 대한 하나님의 심판이라고 설교하는 이들이 있고, 그런 설교에 '아멘' 하는 이들이 있었습니다.

그런데 이런 단세포적인 사고를 그들의 책임으로만 치부할 수는 없습니다. 성경을 문자적으로 믿는 순수한(?) 신앙이, 성경의 내용을 온전한 하나님의 말씀으로 받아들이는 순수한(?) 신앙이 그러한 사고를 하게끔 만들기 때문입니다. 또한 성경에도 그렇게 생각하고 믿도록 만드는 내용이 들어 있기 때문입니다.

레위기 26장 25절에 보면, 이스라엘 백성이 하나님의 규례를 멸시하고, 싫어하며, 계명을 준행하지 않을 때 주어지는 형벌에 대해 다음과 같이 기록하고 있습니다.

"내가 칼을 너희에게로 가져다가 언약을 어긴 원

수를 갚을 것이며 너희가 성읍에 모일지라도 너
희 중에 전염병을 보내고 너희를 대적의 손에 넘
길 것이다."

신명기 28장 20-22절에도 보면, 이스라엘 백성이 하나님
의 말씀을 순종하지 않고, 하나님의 명령을 행하지 않으며,
악을 행할 때 주어지는 저주에 대해 기록합니다.

"네 손으로 하는 모든 일에 여호와께서 저주와
공구와 견책을 내리사 망하며 속히 파멸케 하실
것이며, 여호와께서 네 몸에 전염병이 들게 하사
네가 들어가 얻을 땅에서 필경 너를 멸하실 것이
며, 여호와께서 폐병과 열병과 상한과 학질과 한
재와 풍재와 썩는 재앙으로 너를 치시리니 이 재
앙들이 너를 따라서 너를 진멸케 할 것이라."

구약의 여러 곳에 나오는 이런 말씀으로 인해 이스라엘
백성은 전염병이 나돌면 자연적으로 하나님으로부터 벌을
받는다고 생각하였습니다.

그런데 이런 사고에 일대 전환을 가져온 한 사건이 역사
를 뚫고 들어옵니다. 바로 예수 그리스도의 사건입니다. 그
분은 '불순종 때문에 저주'라는 종교적인 족쇄를 푸십니다.
대신 '불순종에도 불구하고 용서와 사랑'이라는 새로운 종
교적인 길을 여십니다.

그런데 이 천지개벽의 새로운 패러다임은 곧 그분을 믿
고 따른다는 교회에 의해 제약을 받습니다. 교회를 거룩
한 공동체로 세워간다는 명목으로 구약의 불순종과 저주
라는 틀을 다시 붙잡기 때문입니다. 이 전통은 종교개혁에
의해 뿌리째 흔들린 적도 있지만, 지금도 여전히 살아 있습
니다. 그리고 하나님의 이름으로, 성경의 권위로 신자들을
은근히 협박하는 종교적인 기제機制로 사용됩니다.

그 결과, 기독교 신자 중에는 이런 '부정의 울타리' 안으
로 들어가 그 안에 거하는 것을 신앙적인 삶을 사는 것으
로 여기는 이들이 있습니다. 자유의 계명 앞에서 책임 있게
살기보다는 그어진 선 안에서 복종적으로 사는 것을 기독
교 신앙으로 믿는 이들이 있습니다. 이런 신자들의 사고 안
에서 질병과 화火는 자신의 잘못에 대한 하나님의 벌이라
는 생각이 자동응답기처럼 튀어나옵니다. 성경을 읽을 때

도 '불순종 때문에 저주'라는 틀이 성경을 해석하는 열쇠
가 됩니다. '불순종 때문에 저주'를 이야기하는 부분을 '불
순종에도 불구하고 용서와 사랑'이라는 새 계명의 관점으
로 재해석하지 못합니다.

십자가의 길을 가신 예수 그리스도를 머리로 하는 교회
는 하나님의 저주와 심판을 선포하는 종교가 아니라, 하나
님의 용서와 사랑을 전하는 종교입니다. 그렇다고 기독교
의 자리가 하나님의 용서와 사랑만 있는 곳은 아닙니다.
기독교의 자리는 하나님의 저주와 심판이 있는 곳을 하나
님의 용서와 사랑이 있는 곳으로 가꾸어가는 곳입니다. 이
런 이유 때문에 기독교는 성경에 나오는 하나님의 저주와
심판을 그대로 읊조리는 종교가 아닙니다. 하나님의 저주
와 심판이 있는 바로 그곳에서 하나님의 용서와 사랑을 외
치는 종교입니다. 흑사병이 창궐하는 것을 보고 하나님의
심판이 임한 것이라고 외치지 않고, 그 '검은 병마'의 현장
을 하나님의 용서와 사랑이 이루어지는 천국으로 만드는
종교입니다. 바로 이것이 민수기 14장에서 모세가 보여주
는 진정한 종교인의 모습입니다.

가나안 정탐보고를 들은 이스라엘 백성이 두려움에 휩

싸입니다. 자신들이 대적하기에는 너무도 거대한 민족들이라고 느꼈기 때문입니다. 그래서 모세를 원망합니다. 이 원망을 하나님께서는 당신 자신에 대한 멸시로 받아들여 전염병으로 그들을 쳐서 멸하겠다고 말씀하십니다. 이때 모세는 어떤 태도를 취합니까? 모세는 하나님의 의도에 맞장구치며 이스라엘 백성이 하나님의 저주를 받아 마땅하다고 여길 수 있는 위치에 있었습니다. 출애굽 이후 광야를 거치는 동안 그가 하나님의 도우심으로 이스라엘 백성에게 행한 기적이 얼마나 됩니까? 그런데도 그들은 모세에게 얼마나 자주 칭얼거리고, 불평하며, 원망하였습니까? 모세도 이런 이스라엘 백성을 향해 '불신앙 때문에 저주'라는 팻말을 내 보일만 합니다.

그런데 민수기 14장에서 만나는 모세는 전혀 다른 모습을 보여줍니다. 그는 '불신앙 때문에 저주'라는 팻말을 내미는 하나님을 감히 가로막습니다. 정중하지만 단호하게 하나님의 원래 모습인 '불신앙에도 불구하고 용서와 사랑'이라는 속성을 상기시킵니다. 노하기를 더디 하시고, 사랑이 넘쳐 죄와 허물을 용서하시는 분이심을 전면에 내세우며 다음과 같이 간청합니다.

"이집트를 떠날 때부터 이제까지 주님께서 이 백
성을 용서하신 것처럼, 이제 주님의 그 크신 사
랑으로 이 백성의 죄를 용서하여 주시기 바랍니
다."[19절]

이 기도에 하나님께서는 어떻게 반응하십니까? 당신의
계획을 가로막고 당신의 뜻을 바꾸려는 모세를 향해 무례
하다고 하지 않으십니다. 이스라엘의 지도자로 세워주었더
니 하늘 무서운 줄 모르고 덤벼든다고 역정을 내지 않으십
니다. 성경은 하나님의 응답을 아주 간결하게 기록합니다.

"너의 말대로 용서하겠다."[20절]

기독교는 하나님의 저주와 심판을 손뼉치며 환영하는 종
교가 아닙니다. 하나님의 저주와 심판이 있다고 여기는 바
로 그 현장에서 하나님을 가로막고 하나님의 저주와 심판
을 용서와 사랑으로 뒤바뀌게 하는 종교입니다. 용서와 사
랑의 하나님과 함께 저주와 심판의 하나님에 맞서는 종교
입니다. 이 맞섬 때문에 혹 하나님으로부터 그에 상응하는

벌을 받을지라도, '불순종 때문에 저주'라는 율법적 구호를
'불순종에도 불구하고 용서와 사랑'이라는 복음적 구호로
바꾸는 종교입니다. '전염병을 내리겠다'는 하나님의 진노의
말씀을 '내가 용서하겠다'는 사랑의 말씀으로 변화시키는
종교입니다.

우리가 '불순종에도 불구하고 용서와 사랑'이라는 복음
을 진실로 믿을 때, 그때 우리는 강도 만나 죽게 된 자를
바라보면서도 그냥 지나가는 제사장이나, 레위인 같이 무
늬만 있는 종교인이 되지 않습니다. 우리가 '불순종에도 불
구하고 용서와 사랑'이라는 복음을 삶으로 살아내기 위해
하나님과 맞서는 것을 피하지 않을 때, 그때 우리는 선한
사마리아인처럼 하나님의 저주와 심판 속에 있다고 여겨지
는 자들의 이웃이 될 수 있습니다.

'기독교 이후 시대'에는 코로나 19를 하나님의 심판이라
며 저주를 퍼붓는 천박한 기독교는 설 자리가 없습니다.
종교적인 거룩함을 위해서라며 그 자리를 그냥 지나쳐가
는 천상의 기독교는 더는 설 자리가 없습니다. 저주받은 자
를 싸매어주고 돌봐주고 치료해주는 기독교, 나아가 저주
와 심판을 내리겠다는 하나님에게 과감하게 맞서며 그 부

그림 32: '율법과 은혜'Gesetz und Gnade라는 제목을 가진 이 그림은 1551년에 크라나흐 1세가 그린 채색 목
판화다. 생명나무를 통해 두 세계가 나뉘어 있다. 왼쪽 생명나무는 마른 반면에 오른쪽은 잎들이 풍성
히 달려 있다. 왼쪽 맨 위에 '하나님의 진노가 불의로 진리를 막는 사람들의 모든 경건하지 않음과 불
의에 대하여 하늘로부터 나타난다'는 로마서 1:18절이 기록되어 있다.

맨 밑 가장 큰 그림으로 죽음의 사자와 사탄이 죄인인 인간을 지옥으로 내몰고 있고, 율법을 상징하는
십계명이 그것의 근거로 나온다.

사실 이 율법의 세계에서 중요한 것은 아담과 하와의 불순종으로 인한 타락과 이를 근거로 한 율법적
심판이 아니다. 물론 하나님은 자신을 원망하던 이스라엘 백성들에게 불뱀을 보내 죽음의 심판을 내
리셨다. 그러나 그것이 다가 아니다. 동일한 하나님께서는 놋뱀을 만들어 장대 위에 달게 한 뒤, 그것

ESAIÆ · VII · DOMINVS
IPSE DABIT VOBIS
SIGNVM · ECCE VIRGO
CONCIPIET ET PARIET
FILIVM ·

을 보는 모든 사람이 살도록 하셨다. 율법 세계의 오류는 바로 이 사건을 먼 배경으로 두지 않고 전면으로 끌고 나와 죽음의 심판이 아니라 생명의 은혜를 부각하지 못한 것이다.

오른편의 맨 왼쪽 위에는 '보라 처녀가 잉태하여 아들을 낳을 것이다'는 이사야 7: 14절 말씀과 함께 그 아래 아기 예수의 환상을 보는 마리아가 나온다. 그 밑으로 세례자 요한이 십자가에 달리신 예수를 가리키고 있다. 이 예수를 기도하는 모습으로 바라보고 있는 인간의 마음으로 옆구리로부터 죄를 씻어주는 피가 곧바로 흐르고 있다. 그리고 그 핏줄기 위로 성령을 상징하는 비둘기가 날고 있다. 죄의 용서가 교회의 제도가 아니라 성령에 의한 것임을 보여준다. 오른편에는 죽음에서 부활하신 그리스도가 하늘로 승천하는 모습과 죽음과 사탄을 이기는 모습이 각각 나오고 있다.

이 그림은 교회란 율법과 심판의 문법이 아니라 은혜와 용서의 문법이 지배하는 곳임을 전하고 있다.

당함을 지적하고, 하나님을 진정 하나님 되게 하는 기독교, 이런 기독교만이 종교적 역할을 감당하게 될 것입니다.

"백성의 안위를 위해 고뇌하는 / 깊은 인간애의 푯대", 이것이 바로 예수 그리스도의 십자가가 상징하는 것입니다. 십자가에 달린 예수를 그리스도로 고백하는 우리가 들어야 하는 것이 바로 이런 푯대가 아닐까요?

2.2 뉘우침과 용서, 법정에 서다!

나레이터: 오늘 저는 여러분을 한 영화의 시사회로 초대합니다. 영화의 무대는 법정입니다. 주인공은 세 사람입니다. 두 사람은 검사이고, 한 사람은 고발을 당한 피고입니다. 두 검사 중 한 사람은 영화 '밀양'의 주인공 '신애'이고, 다른 한 사람은 '레미제라블'에 나오는 경감 '자베르'입니다. 피고는 이스라엘의 두 번째 왕인 '다윗'입니다. 먼저 검사 신애가 피고를 심문합니다.

신애: 피고는 밧세바를 범할 때, 그가 누구인지를 잘 알고

있었습니까?

다윗: 예.

신애: 밧세바는 누구입니까?

다윗: 밧세바는 아히도벨의 손녀요, 엘리암의 딸이요, 우리
아의 아내입니다.

신애: 피고가 말한 밧세바의 할아버지 아히도벨은 누구입
니까?

다윗: 그는 저의 모사^{謀士}요, 책사^{策士}입니다.

신애: 그럼 엘리암은 누구입니까?

다윗: 그는 저에게 충실한 37명의 군 장교 중 한 사람입니
다.

신애: 우리아는 누구입니까?

다윗: 그도 저에게 충실한 37명의 군 장교 중 한 사람입니
다.

신애: 피고의 진술에 의하면 밧세바의 할아버지와 아버지
와 남편은 피고가 왕으로 통치하는데 남다른 역할
을 한 대신들이군요.

다윗: 예. 그렇습니다.

신애: 이것을 잘 알고 있으면서도 밧세바와 동침했다는 것

그림 33: 크라나흐 1세가 1534년에 린덴에 유화로 그린 '다윗과 밧세바'

입니까?

다윗: 예.

신애: 피고는 한 여인을 범했을 뿐만 아니라, 피고의 신하
들이 그대에게 보여준 신의信義도 저버리는 비열한 짓
을 하였습니다. 이 두 죄 다 인정합니까?

다윗: 예.

신애: 자, 이번에는 우리아의 죽음에 대해 물어보겠습니다.
피고가 우리아의 죽음에 깊이 관여되어 있다는 정보
가 있습니다. 맞습니까?

다윗: 아닙니다. 저는 우리아가 전쟁터로 나간 이후 한 번
도 만난 적이 없습니다.

신애: 정말 없습니까?

다윗: 예. 제 명예를 걸고 맹세합니다. 만일 그렇다는 증거
가 나오면, 제 목숨을 내놓겠습니다.

신애: 피고는 목숨을 너무 쉽게 내놓는군요.

다윗: …

신애: 재판장님, 여기 피고의 일상에 대해 기록한 왕조실록
을 증거물로 제출합니다. 피고에게 다시 묻겠습니다.
이 왕조실록에는 왕의 통화내역이나, 문자내역을 비

롯해 왕의 일거수일투족이 다 기록되어 있습니다. 이
것을 알고 있습니까?

다윗: 예.

신애: 이 왕조실록에는 피고가 우리아를 궁으로 보내라고
전갈을 보냈다는 기록이 있습니다. 이래도 발뺌을
할 겁니까?

다윗: 아, 아까는 잠시 착각한 것 같습니다. 이제 기억이 납
니다. 전갈을 보냈던 것이 맞습니다.

신애: 왜 이런 명령을 내렸습니까?

다윗: 우리아의 아내인 밧세바가 임신했다는 말을 듣고, 이
사실을 은폐하기 위해서 그랬습니다.

신애: 어떻게 은폐하려고 하였습니까?

다윗: 우리아로 하여금 아내와 동침하게 하여 임신한 아이
를 우리아의 아이로 만들려고 했습니다.

신애: 피고의 계획대로 우리아는 행동했습니까?

다윗: 아닙니다. 동료들이 목숨을 건 전쟁터에 있는데, 아
내와 동침할 수 없다며 거부하였습니다. 그래서 술
을 잔뜩 먹이고 집으로 가게 하였습니다. 취중에는
여자를 생각하리라 여겼기 때문입니다. 그런데도 그

는 집에 가지 않았습니다.

신애: 그래서 자신의 범죄를 완전범죄로 만들기 위해 군사령관인 요압에게 우리아를 죽지 않고는 빠져 나올 수 없는 전선으로 보내 반드시 죽게 하라고 명령하였습니까?

다윗: 아닙니다. 그것은 제가 왕이 되는 것을 싫어했던 자들이 만들어낸 모략입니다. 궁으로 보내라는 전갈은 보냈지만, 죽이라는 명령은 하지 않았습니다.

신애: 피고는 곧 들통 날 거짓말을 어찌 그리 뻔뻔하게 하는 거요? 재판장님, 여기 당시 피고의 군사령관이던 요압이 한 증언을 증거물로 제출합니다.

나레이터: 요압의 증언이라는 말이 나오자 다윗의 얼굴은 새하얗게 변했습니다. 그리곤 올 것이 오고야 말았구나 하는 표정을 지으며 자포자기하는 것 같았습니다.

신애: 피고, 요압의 증언에 의하면, 피고는 우리아를 전쟁에서 죽게 하라고 명령하였습니다. 요압은 피고의 명령을 어쩔 수 없이 수행하였지만, 죄 없는 부하를 죽였다는 죄책감에 시달렸습니다. 그래서 후에 피고에게

그림 34: 프랑스의 '베리 공작을 위한 기도서'Tres Riches Heures du Duc de Berry에 나오는 그림으로 다윗이 우리아에게 요압에게 보내는 편지를 건네는 장면이다. 바로 그 밑에 다윗의 회개가 나오는 시편 51편 말씀이 나온다. 특이한 것은 그의 회개의 기도를 밧세바와의 동침이 아니라 우리아를 죽이게 하라는 편지와 연결하는 것이다. 아마도 51편 14절에 나오는 '피 흘린 죄에서 나를 건져달라'는 내용을 이 기도의 핵심으로 보기 때문인 것 같다. 이 기도서는 1410-16년 사이에 네덜란드 화가인 림부르크Limburg 3형제에 의해 시작되었으나, 완성하지 못하고 죽어 프랑스 장식화가인 장 콜롱브Jean Colombe에 의해 1485년경에 완성되었다.

반대하는 반군의 군대장관이 됩니다. 피고, 이 사실
을 인정합니까?

다윗: 예.

신애: 존경하는 재판장님, 본 검사는 강간을 하고 이를 덮
으려고 살인 교사를 한 피고를 율법에 근거해 사형
에 구형하는 바입니다.

나레이터: 검사의 사형 구형이 있은 뒤 피고의 최후진술이
있었습니다. 그런데 이것이 새로운 쟁점이 되어 재판
은 또 다른 국면을 맞게 됩니다. 피고의 최후진술이
무엇이기에 이런 일이 벌어졌는지 직접 들어보도록
하겠습니다.

다윗: 존경하는 재판장님, 검사가 지적한 저의 잘못을 전부
시인합니다. 그런데 선지자 나단이 저의 잘못을 지
적하였을 때, 저는 하나님의 인자하심과 긍휼하심에
근거해 저의 죄를 지워주시기를 기도하였습니다. 피
를 흘린 죄에서 건져주시고, 우슬초로 저를 정결하
게 해달라고 간청하였습니다. 하나님께서 구하시는
제사는 상한 심령임을 알고 있었기에 상하고 통회하
는 마음으로 하나님께 용서를 비는 기도를 드렸습니

다. 그때 저의 죄를 사해주신다는 하나님의 음성을
들었습니다. 다시 말씀드리면, 저는 저의 잘못을 마
음 깊은 곳에서 뉘우쳤으며, 그것을 입으로 시인하
였고, 그 결과 하나님에게서 용서를 받았습니다. 그

그림 35: 시편 143편에 나오는 참회의 기도를 그린 그림으로 '베리 공작을 위한
기도서'에 나온다. 다윗의 기도를 밧세바를 범한 것에 대한 참회로 간주함을 분
명히 하기 위해 첫 단어인 'Domine'의 첫 번째 글자인 대문자 'D' 안에 여성을
그려 넣은 것 같다. 또한 십계명을 바라보며 기도하는 것도 그런 이유로 보인다.

런데 사형이라니요? 하나님보다 이 법정이 더 권위
가 있단 말입니까? 존경하는 재판장님, 이 점을 정상
고려해주시기 바랍니다.

나레이터: 피고의 말이 끝날 때 쯤 신애 검사의 얼굴은 벌
겋게 상기되어 있었습니다. 흥분한 것이 틀림없었습
니다. 다윗의 말은 그의 아킬레스건을 건드렸기 때
문입니다. 신애 검사는 '하나님께서 나의 죄를 용서
해주셨다'는 피고의 말에 신경질적인 반응을 보였습
니다. 자신의 아들이 유괴되어 죽었을 때, 그의 마음
고생은 이만저만이 아니었습니다. 어렵게 하나님께
귀의하여 이 문제를 어느 정도 해결하였다는 생각
이 들자 감옥으로 살인자를 면회하러 갑니다. 그의
죄를 용서해주기 위해서였습니다. 그러나 면회 뒤 충
격에 휩싸이게 됩니다. 살인자가 하나님으로부터 용
서받았다며, 살인에 대한 아무 죄책감 없이 너무도
쿨하게 이야기했기 때문입니다. 신애 검사는 아들의
죽음으로 인해 그토록 고통받아온 자신이 아직 용
서하지도 않았는데, 하나님이 그를 먼저 용서하셨다
는 사실에 분노합니다. 이 분노는 '용서받은 살인자'

를 향하기보다는 그를 쉽게 '용서해준 하나님'을 향한 것이었습니다. 이런 가슴 아픈 경험을 한 신애 검사는 원래의 법적 절차를 무시하고 재판장에게 재심문의 기회를 달라고 요청합니다. 재판장은 예외적으로 이를 받아들여 신애 검사가 다시 심문을 합니다.

신애: 피고의 구체적인 죄는 무엇이오?

다윗: 검사님께서 이미 말씀하신 두 가지입니다.

신애: 그 외에 더 없소?

다윗: 예.

신애: 피고의 강간과 살인으로 피해를 본 사람은 누구요?

다윗: 밧세바와 그의 남편 우리아입니다.

신애: 이 두 사람 외에는 더 없소?

다윗: 예, 없습니다.

신애: 내가 수집한 정보에 의하면 밧세바의 아버지요, 피고의 충실한 군대 장교인 엘리암도 우리야와 함께 죽었다고 하는데, 그것이 맞소?

다윗: 그렇다는 소문을 들었습니다.

신애: 밧세바의 할아버지요, 피고의 모사인 아히도벨은 어떻게 되었소? 혹 그도 피고가 죽였소?

다윗: 아닙니다. 그는 살아 있습니다.

신애: 그렇다면 아들도 죽고, 손녀 사위도 죽고, 손녀는 빼앗긴 아히도벨의 마음은 어땠을지 생각해보았소?

다윗: 생각해보지 않았습니다.

신애: 피고가 하나님으로부터 용서를 받았다는 말을 들었을 때, 그가 어떤 반응을 보였는지 들은 것이 있소?

다윗: 없습니다.

신애: 그렇다면 어떤 반응을 했을 것 같소?

다윗: 모르겠습니다.

신애: 정말 모르겠소?

다윗: 예.

신애: 좋소. 그럼 다른 질문을 하겠소. 압살롬은 누구요?

다윗: 제 아들입니다.

신애: 압살롬이 어떤 일을 저질렀소?

다윗: 스스로 왕위에 오르고 반란을 일으켰습니다.

신애: 그때 압살롬을 도운 모사가 누구요?

다윗: 아히도벨입니다.

신애: 밧세바의 할아버지요, 피고의 군대 장교인 엘리암의 아버지요, 피고의 모사인 아히도벨을 말하는 것이

오?

다윗: 예, 맞습니다.

신애: 왕조실록에 의하면 피고는 오직 하나님에게만 용서를 빌었고 하나님으로부터 용서를 받았다고 기록되어 있소. 그대가 최후진술에서 인용한 시편 51편에서도 피고는 "주님께만, 오직 주님께만, 죄를 지었습니다"라고 고백하고 있소. 이 두 기록이 맞소? 아니면 피고의 악한 행위로 인해 고통 가운데 있는 또 다른 누군가에게도 용서를 빌었소?

다윗: 오직 하나님께만 용서를 빌었습니다.

신애: 왜 아히도벨에게는 용서를 빌지 않았소? 그가 피고의 아들을 도와 반란을 일으켰다는 것은 그의 마음에 복수의 원한이 도사리고 있었다는 반증이 아니오? 하나님께만 용서를 빌 것이 아니라, 그에게도 용서를 빌어야 하지 않았소? 더 나아가 밧세바의 아버지인 엘리암과 남편인 우리아를 죽이는 대신에 무릎을 꿇고 사죄를 했어야 옳지 않소? 왜 피고는 자신이 직접적으로 고통을 안긴 자들에게는 용서를 구하지 않고, 하나님께만 구한 것이오?

다윗: 하나님으로부터 용서를 받는 것보다 더 큰 용서가
어디 있겠습니까? 죄에 대한 용서는 죄인과 하나님
과의 문제라고 알고 있습니다.

신애: 그것이 문제요. 피고는 죄와 용서의 문제를 단지 자
신과 하나님과의 관계로만 축소시켰소. 이것은 그
대가 행한 죄로 인해 고통받고 있는 타자를 무시하
는 또 다른 폭력이오. 후대에 세례자 요한은 입술의
회개만 하는 자칭 경건한 자들을 향해 회개에 합당
한 열매를 맺으라고 외쳤소. 그가 길을 예비했던 메
시아는 "제단에 제물을 드리려고 하다가, 네 형제나
자매가 네게 어떤 원한을 품고 있다는 생각이 나거
든, 너는 그 제물을 제단 앞에 놓아두고, 먼저 가서
네 형제나 자매와 화해하여라. 그런 다음에 돌아와
서 제물을 드려라"고 말하였소. 자신이 죄를 저지른
상대방에 대한 회개에 합당한 열매를 맺지 않고 그
저 하나님께 용서를 구하는 것으로 만족하는 것은
참된 뉘우침이라 할 수 없소. 이런 용서는 단지 값싼
용서에 불과할 뿐이오. 동의하시오?

다윗: 잘 모르겠습니다.

신애: 존경하는 재판장님, 이상의 심문을 통해 본 검사는
위에 언급한 두 가지 죄 외에 인류의 역사에 용서라
는 값비싼 은혜를 값싼 시장물건으로 전락시킨 죄를
첨가합니다. 후대에 엄청난 영향력을 미친 그의 시편
은 수직적인 죄의 용서에 관해서만 언급하고, 수평적
이고 사회적 차원의 죄고백과 용서에 대해서는 일체
침묵하고 있습니다. 그 결과 기독교 안에서는 죄의
고백과 용서가 나와 너, 그리고 하나님이라는 3자적
관계가 아니라, 오직 나와 하나님의 관계로만 축소되
었습니다. 용서의 종교인 기독교가 오히려 용서의 사
각지대가 되고 말았습니다. 이제 본 검사는 이미 구
형한 사형 외에 어떤 경우에도 형을 감하는 특별사
면이 주어져서는 안 된다는 특수조항을 넣기를 요청
합니다.

나레이터: 재판장은 이 문제에 대해 판결을 내리기를 보류
하고 인류의 역사에 맡기자고 제안하는 것으로 재
판을 마무리하였습니다. 그래서 다윗의 사건은 시대
에 따라, 지역에 따라, 사람에 따라 다양하게 판결이
내려졌습니다. 여러분은 이 사건에 대해 어떤 판결을

내리겠습니까? 그리고 그 판결에 대한 근거는 무엇입니까?

나레이터: 다윗에 관한 두 번째 심문은 '레미제라블'에서 간수 역할을 하다 경찰이 되어 범인을 수배하는 일을 했던 자베르 검사입니다. 여러분도 잘 아시다시피 그는 지나치게 법과 정의를 중요시하는 자입니다. 또한 이유를 불문하고 죄는 법의 심판을 받아야 한다고 생각하는 자입니다. 자비라고는 한 푼도 없는 사람입니다. 20년 형을 살고 나가는 장발장에게 "넌 위험인물이야, 내 이름을 잊지말라"고 말하며, 그에게 있어서 한번 죄인은 영원한 죄인임을 시사해줍니다. 다윗을 향한 심문에도 이런 그의 모습이 잘 나타납니다. 이제 자베르 검사의 심문이 시작됩니다.

자베르: 피고는 율법의 십계명에서 어떤 계명들을 어겼소?

다윗: 간음하지 말라는 계명과 살인하지 말라는 계명입니다.

자베르: 그것만으로도 피고는 사형에 처해져야 한다는 것을 잘 알고 있소?

다윗: 예.

자베르: 그 외에 다른 계명은 어기지 않았소?

다윗: 잘 모르겠습니다.

자베르: 왕조실록에 의하면 피고는 다른 남자의 여인을 탐하였소. 그리고 그 남자로부터 여인을 빼앗았소. 따라서 십계명 중에 도둑질하지 말라는 계명과 이웃의 것을 탐하지 말하는 계명도 어겼소. 사람과 관련된 여섯 개의 계명 중에 네 개나 어겼소. 동의하시오?

다윗: 아, 제가 이렇게 많은 율법을 어겼는지 몰랐습니다. 정말 마음이 괴롭습니다.

자베르: 한번 굽어진 소나무는 다시 펴지지 않는 것처럼 한번 죄인은 영원한 죄인이오. 피고가 지은 범죄는 피고가 가는 곳엔 항상 따라다니며, 어떤 노력에도 불구하고 영원히 지워지지 않는 주홍글씨로 남을 것이오. 때문에 피고가 괴로운 마음을 가진 양 말하는 것은 가증스러운 것이오. 그렇게 생각하지 않소?

다윗: 검사님은 저를 희망이 없는 끝 모를 어둠 속으로 몰아넣으시는군요. 생명의 빛이 저에겐 비쳐올 수 없는 건가요?

자베르: 피고 앞에 놓여 있는 것은 영원한 심판이오. 그 심

판은 사망이오. 죄의 삯은 사망이라고 후대의 유명
한 선생인 사도 바울이 말하였소.

다윗: 아, 이 죄인을 사망의 음침한 골짜기에서 해방시켜
줄 수 있는 이가 정녕 없단 말입니까?

자베르: 피고는 뻔뻔스럽게도 사치스런 생각을 하고 있소.
장발장을 선한 사람으로 보는 이들도 있었소. 그러
나 나에게는 그렇지 않소. 마찬가지로 피고도 나에
게는 그 어떤 자비도 아까운 죄인일 뿐이오.

다윗: 맞습니다. 검사님께서 요구하는 '선'의 잣대로 저를
돌아보면, 저는 악의 굴레에서 벗어날 수 없는 죄인
일 뿐입니다. 감히 용서 자체도 빌 수 없는 어둠의
자식입니다. 실로 저는 죄 중에 태어났고, 어머니의
태 속에 있을 때부터 죄인이었습니다. 그리고 저의
죄과를 잘 알고 있으며, 그 죄가 저를 어찌나 고발하
는지 '양심의 가책'에 휩싸일 때가 한 두 번이 아닙
니다.

자베르: 지금 '양심의 가책'이라 말했소? 피고와 같은 죄인
에게 양심이 존재한단 말이오? 가당치 않은 말이오.

다윗: 그렇습니다. 제가 양심을 말하기에는 저지른 죄악이

너무 큽니다. 저는 사람이 아니라, 사람의 탈을 쓴 늑대였습니다.

자베르: 오, 오랜만에 듣는 바른 소리군. 그렇소. 피고는 인류에 해악을 끼치는 독소요, 독소. 독방에 가두어 인간세계에서 영원히 격리시켜야 하는 악종 바이러스요. 그렇지 않소?

다윗: 검사님은 변화의 가능성을 열어두지 않고 점점 더 가혹한 말씀만 하시는군요. 저는 마음속에서 일고 있는 죄책감으로 인해 매일 매일 저를 더 솔직하게 대면하고 있습니다. 이를 통해 시커먼 제 마음의 거울을 눈물로 닦곤 합니다. 아무리 닦아도 사라지지 않을 것 같은 죄의 흔적을 직시하며, 하나님 앞에 더 무릎을 꿇게 됩니다. 이것을 저에게 무언가 변화가 일어나고 있다는 조짐으로 간주할 수는 없습니까?

자베르: 장발장에 대한 나의 시계는 그가 빵을 훔치고 감옥에 들어왔을 때의 시간에 멈추어 있소. 그가 나중에 아무리 선한 사람이 되어 있어도 그에 대한 나의 시계는 변함이 없소. 마찬가지로 피고에 대한 나의 시계도 피고가 밧세바를 범하고, 이를 숨기기 위해

그의 남편을 죽이던 시간에 멈추어 있소. 변화, 그것
은 자신을 합리화하려는 자들의 약삭빠른 변명에 불
과할 뿐이오.

다윗: 멈추어 있는 제 삶의 시계에 태엽을 감아줄 이가 정
녕 없단 말입니까? 장발장에게 자비와 은혜의 모습
을 보여준 성직자를 저와 같은 인간은 만날 수 없단
말입니까?

자베르: 기대하지 마시오. 피고가 믿는 하나님은 '눈에는
눈, 이에는 이'라는 법을 중시하는 율법의 하나님이
아니오?

다윗: 율법과 심판의 하나님과 사랑과 자비의 하나님은 서
로 다른 분이신가요? 은혜 밖에 있는 자에겐 은혜로
우신 하나님을 만나는 길이 정말 막혀 있나요? 만약
그렇다면, 저는 '르 미제라블'Le Miserable입니다. 모든 구
원의 길이 막힌 참으로 불쌍하고 가련한 자입니다.
오, 주여! 저를 도우소서!

자베르: 존경하는 재판장님, 피고는 자기 자신을 가련하고
비참한 자라고 한탄할 자격조차 없습니다. 양심의
화인을 맞지 않은 이상 하나님의 자비로우심과 은혜

로우심을 바라볼 자격도 없습니다. 피고에게는 오직 한 길만이 있을 뿐입니다. 그것은 희망의 빛줄기 하나 들어오지 못하는 어두컴컴한 방에 갇혀 평생 지내는 것입니다. 무기징역, 이것이 선과 정의가 지배하는 세상을 만들기 원하는 본 검사가 피고에게 내리는 구형입니다.

다윗: 존경하는 재판장님, 검사의 말대로 저는 죄인입니다. 제 마음의 이마에는 수많은 주홍글씨가 가득 적혀 있습니다. 모두가 부러워하는 왕의 자리에 있지만, 실은 죄에 종노릇하는 죄인 중의 괴수입니다. 아, 저는 비참한 사람입니다. 누가 이 죽음의 굴레에서 저를 건져 낼 수 있겠습니까?

나레이터: 비통 가운데 잠겨있던 다윗은 재판장에게 자신의 마지막 진술조차 부끄럽다며, 기도로 대신해도 좋은지 물었습니다. 재판장이 허락하자 다윗은 이렇게 기도하였습니다.

다윗: 하나님, 주님의 한결같은 사랑과 주님의 크신 긍휼을 베푸시어 우슬초로 내 죄악을 말끔히 씻어 주시고, 내 죄를 깨끗이 없애 주십시오. 주님과 사람들 앞에

서 지은 죄가 제 마음을 휘몰아치며 저를 고발하고 있습니다. 세상은 저를 구제할 수 없는 죄인으로 낙인찍고 사망의 음침한 골짜기로 유배시켰습니다. 내속에 깨끗한 마음을 창조하시고, 내 속에 정직한 영을 새롭게 해주시기를 주야로 간구하며 흘린 눈물이 저를 삼켰습니다. 참회의 눈물에 실려 저는 많은 세월을 떠내려 왔습니다. 그러나 저에게 '오늘'은 없습니다. 오직 '그날'만 있을 뿐입니다. '지금'을 살아도, '그날'의 쳇바퀴 속에서만 살아갈 뿐입니다. 제 스스로도 그렇게 생각하지만, 그들의 눈에도 그렇습니다. 만물을 새롭게 하시는 은혜로우신 하나님, 저는 언제 새로운 존재로 태어날 수 있습니까? 새로운 존재로 변화되는 열매가 언제 삶으로 나타날 수 있습니까? '그날'의 나가 아니라, '오늘'의 나로 설 수 있는 때가 언제쯤 오게 됩니까? 그 때를 갈망하며 오늘도 눈물로 주님께 나아갑니다. 호미와 쟁기를 들고 마음밭을 갈아엎기 위해 내면으로 들어갑니다. 그곳에서 주님과 함께 울며 씨를 뿌리겠습니다. 기쁨으로 단을 거둘 날을 기다리며 정직한 영을 새롭게 가꾸어

나가겠습니다. 그리고 삶의 자리로 나와 권력을 이용
해 타인을 짓밟는 일을 하지 않겠습니다. 나의 욕심
을 채우기 위해 내 밖의 수많은 나에게 무거운 멍에
를 지우는 일을 하지 않겠습니다. 이 여정에 저를 홀
로 내버려 두지 마시고, 주님께서 함께 해주셔서 저
를 늘 일깨워주시고 바른길로 인도하여 주옵소서.

나레이터: 기도가 끝나자 법정은 숙연해졌습니다. 재판장도
선고를 내리지 못하고 잠시 시간을 끌었습니다. 그
때, 하늘로부터 음성이 들렸습니다.

'나도 너에게 돌을 던지지 않겠다. 이제 너의 삶
의 자리로 돌아가라. 가서 더는 죄에 종노릇 하
는 삶을 살지 마라. 그리고 주야로 나에게 용서
를 비는 만큼 네가 잘못한 사람들에게 용서를 빌
며 살아라. 또한 율법의 돌판 위에 서서 돌을 던
지는 삶이 아니라, 용서받은 자로 용서의 손을
내미는 삶을 살아라. 이것이 너에게 내리는 나의
판결이다.'

나레이터: 이 음성은 오직 다윗의 귀에만 또렷하게 들렸습

니다. 법정에 있던 다른 사람들은 무언가 소리는 들
었지만 무슨 뜻인지 몰라 멍하게 있었습니다. 이 장
면을 끝으로 영화는 막을 내렸습니다. 그리고 스크린
에 이런 자막이 나왔습니다.

그림 36: 크라나흐 1세가 1512년경에 유화로 그린 채색 목판화로 '그리스도와
간음하다 잡힌 여인'이다. 그림 맨 위에는 라틴어로 '너희 중에 죄 없는 자가 먼
저 돌로 치라'는 요한복음 8장 절이 나온다. 그녀를 고발하는 자들이 손에 돌을
쥐고 있다면, 그리스도는 그녀의 손을 꼭 붙잡고 있다. 이를 통해 그녀를 용서해
줄 뿐만 아니라, 보호해주는 역할을 맡고 있음을 그린다.

'용서, 그것은 값비싼 것이다. 이를 위해 주님께서
는 십자가에 달려 돌아가셨다. 이 값비싼 용서를
값싸게 만들지 마라. 그렇다고 용서를 비싼 값에
팔려고 해서도 안 된다. 용서는 팔고 사는 시장
물건이 아니라, 값없이 주고받는 하늘의 선물이
다. 물론 값이 전혀 없는 것은 아니다. 그 값은 갈

그림 37: 크라나흐 2세가 1549년에 그린 유화로 아버지의 그림처럼 예수님이 끌려
온 여인의 손을 붙잡고 있다. 또한 그림 위에는 독일어로 요한복음 8장 7절이 기록
되어 있다. 크라나흐 부자는 예수 그리스도를 통해 정죄와 심판의 시대가 지나고
은혜와 구원의 시대가 왔음을 전면에 내세우는 루터의 입장을 대변하고 있다.

은 죄를 되풀이하지 않도록 서로 격려하고 도와
주는 것이다. 이것이 값비싼 용서를 값비싸게 만
드는 십자가의 신비요, 부활의 능력이다.'

나레이터: 이제 스크린도 멈췄습니다. 영화 음악도 끝났습
니다. 모두가 나가고 잠시 정적이 흐르고 있었습니다.
그런데 갑자기 스크린이 켜졌습니다. 그리고 다윗을
혹독하게 몰아부치던 두 검사인 신애와 자베르가 화
면에 나왔습니다. 텅빈 관객석을 향해 아쉽다는 표
정으로 다음과 같이 읊조립니다.

우리는 루터의 도서관 산책을 통해
스스로 쌓기도 하고
우리 밖의 다양한 권위에 의해 쌓이기도 한
담을 직시하게 되었습니다.
처음엔 하늘에 오르는 계단이라 생각하며
높이 높이 올라가는 담을 어찌나 좋아했던지요?
그 담이 우리의 생각과 말과 행동을 옥죄는
차꼬가 되고, 감옥이 되리라고는
감히 상상조차 하지 못했습니다.

그런데 루터는
우리가 감옥 교회에 갇혀 있다고
직설적으로 말하더군요.
그는 말하는 자로만 있지 않았습니다.
감옥 교회에 갇힌 자들을 해방시키는
역할을 기꺼이 감당하였습니다.
그의 출애굽은
저주와 심판을 말하는 교회를 나오는 것이요,
그의 가나안 길은
용서와 자비의 주님께로 가는 길이었습니다.

이러한 삶에 이르기까지
그가 걸은 험난한 삶을 알고 난 뒤에
그의 소리가 얼마나 값진 것인지
가슴 시리게 느끼게 되었습니다.
그리고 다윗을 몰아만 부치던
우리의 율법적 정의를 내려놓고
루터와 함께 외치는 자가 되었습니다.

그림 38: 뉘른베르크의 명문 화가 집안 출신인 페터 피셔P.Vischer 2세가 1524년에 그린 그림이다.
가운데 헤라클레이토스의 모습을 한 루터가 아이와 사슬에 묶인 양심conscientia과 서민Plebs을 허물
어진 교황 교회에서 데리고 나와 그리스도를 가리키며 그분에게로 향한다.
그림의 오른쪽에는 교회가 허물어지고 그 입구에 교황이 쓰러져 있다. 그 밑에는 고해성사confessio
와 교회 의식들이 깔려 있다. 교회 안쪽에도 세 사람과 그들을 특징짓는 말이 쓰여 있지만 해독
할 수 없다.
왼쪽에는 세속 권력자가 통치 의자에 앉아 있다. 그런데 스스로 통치하지 않는다. 눈을 가리고 정
의iustitia의 안내를 받는다. 이 안내의 핵심은 믿음fides, 소망spes, 사랑charitas이다.
이 그림은 알브레히트 뒤러와 함께 뉘른베르크의 화가들이 루터의 영향을 받았고, 그를 지지하고
있음을 잘 보여주는 그림이다. 이것을 괴테가 생일 선물로 받고 소장하고 있었는데, '밧모섬의 루
터'와 '루터의 밧모섬'에 남다른 애정을 품고 있던 괴테의 삶의 한 단면을 보여준다.

죄의 형벌로 옥죄는

율법적인 감옥 교회를 탈출하십시오.

그리스도의 십자가는

우리를 동굴 속 속박의 사슬에서

동굴 속과 밖을 넘나드는

자유자로 해방하는

은혜의 선물입니다.

이 값비싼 은혜를 율법의 동굴에 가두는

값싼 교회를 나와

가나안으로 향하는 여러분의 길을

은혜의 주님께서 동행해주시기를 빕니다.

그림 차례

본서에 들어와 활자의 이해에 도움을 준 그림은 대부분 자
유롭게 사용할 수 있는 'Wikimedia Commons'에서 가져왔
다. 저작권에 대한 특별한 조건이 명시된 것만 괄호 안에 더욱
자세한 것을 언급하고, 그렇지 않은 것은 별도의 언급 없이 이
름만 적는다. 그 외의 곳에서 가져온 그림에 대해서는 가급적
출처를 자세히 밝힌다. 또한 독일의 뮌헨대학교 디지털 도서관
에서 무료로 제공하는 자료들로부터 가져온 원본의 표지 사진
들과 글 내용은 영문 도서관 이름의 줄임말인 'MDZ'로 출처
를 밝힌다.

참고문헌

1. 일차 자료

Luther, Martin. D. Martin Luthers Werke. Kritische Ge-
    samtausgabe. 127 Baende. Weimar: Hermann
    Boehlau, 1883-2009. (WA)
"D. Martini Lutheri Opera latina", in Varii Argumenti ad
    reformationis historiam. Vol. IV: Cont. scripta
    Lutheri A. 1519 et 1520 cum disputationibus ab a.
    1519 usque ad a 1545. Frankfurt a. M.: Sumptibus
    Heyderi et Zimmeri, 1867, 61-62.
『루터: 로마서 강의』. 기독교 고전총서 14, 이재하·강치원 공
    역. 서울: 두란노아카데미, 2011. (『루터: 로마서 강
    의』)

2. 이차자료

Brecht, Martin. Martin Luther. 3 Baende. Stuttgart: Cal-
    wer, 2013. (Brecht)
Kierkegaard, Søren. Zur Selbstpruefung der Gegenwart
    empfohlen. Uebersetzt von Chr. Hansen. Erlan-

gen: Deichert, 1869.

Oberman. Heiko A. Luther. Mensch zwischen Gott und Teufel. Berlin: Severin und Siedler, 1982.

로제, 베른하르트.『마틴 루터의 신학』. 정병식 역. 서울: 한국 신학연구소, 2002. (로제)

맥그래스, 앨리스터.『하나님의 칭의론. 기독교 교리 칭의론의 역사』, 한성진 역. 서울: 기독교문서선교회, 2008. (맥그래스)

박노해.『그러니 그대 사라지지 말아라』. 서울: 느린걸음, 2016.

베인톤, 롤란드.『마르틴 루터의 생애』, 이종태 역. 서울: 생명 의말씀사, 2002. (베인톤)

본회퍼, 디트리히.『나를 따르라』. 손규태·이신건 공역. 서울: 대한기독교서회, 2010. (『나를 따르라』)

_____,『신도의 공동생활, 성서의 기도서』. 정지련·손규태 공역. 서울: 대한기독교서회, 2013. (『신도의 공동생활』)

_____,『저항과 복종 - 옥중서간』. 손규태·정지련 공역. 서울: 대한기독교서회, 2010. (『저항과 복종』)

_____,『행위와 존재: 조직신학 내에서의 초월철학과 존재론』. 김재진·정지련 공역. 서울: 대한기독교서회, 2010.

에릭슨, 에릭.『청년 루터』. 최연석 역. 서울: 크리스챤 다이제스트, 1997.

옌스, 발터/큉, 한스. 『문학과 종교. 문학과 종교에 비친 근대
　　의 출발과 와해』. 칠곡: 분도출판사, 1997. (큉)

조지, 티모디. 『개혁자들의 신학』. 이은선·피영민 공역. 서울:
　　요단출판사, 1995. (조지)

최재호. "고해성사와 종교개혁", 『역사와 경계』 63(2007),
　　119-46.